Minhas cicatrizes

Editora Appris Ltda.
1.ª Edição - Copyright© 2024 da autora
Direitos de Edição Reservados à Editora Appris Ltda.

Nenhuma parte desta obra poderá ser utilizada indevidamente, sem estar de acordo com a Lei nº 9.610/98. Se incorreções forem encontradas, serão de exclusiva responsabilidade de seus organizadores. Foi realizado o Depósito Legal na Fundação Biblioteca Nacional, de acordo com as Leis nᵒˢ 10.994, de 14/12/2004, e 12.192, de 14/01/2010.

Catalogação na Fonte
Elaborado por: Josefina A. S. Guedes
Bibliotecária CRB 9/870

M977m 2024	Murilly, Dhambrya Minhas cicatrizes / Dhambrya Murilly. – 1. ed. – Curitiba: Appris, 2024. 104 p.; 21 cm. ISBN 978-65-250-5580-0 1. Memória autobiográfica. 2. Vida. 3. Dor. I. Título. CDD – 808.06692

Editora e Livraria Appris Ltda.
Av. Manoel Ribas, 2265 – Mercês
Curitiba/PR – CEP: 80810-002
Tel. (41) 3156 - 4731
www.editoraappris.com.br

Printed in Brazil
Impresso no Brasil

DHAMBRYA MURILLY

Minhas cicatrizes

Appris
editora

FICHA TÉCNICA

EDITORIAL	Augusto Coelho
	Sara C. de Andrade Coelho
COMITÊ EDITORIAL	Marli Caetano
	Andréa Barbosa Gouveia (UFPR)
	Jacques de Lima Ferreira (UP)
	Marilda Aparecida Behrens (PUCPR)
	Ana El Achkar (UNIVERSO/RJ)
	Conrado Moreira Mendes (PUC-MG)
	Eliete Correia dos Santos (UEPB)
	Fabiano Santos (UERJ/IESP)
	Francinete Fernandes de Sousa (UEPB)
	Francisco Carlos Duarte (PUCPR)
	Francisco de Assis (Fiam-Faam, SP, Brasil)
	Juliana Reichert Assunção Tonelli (UEL)
	Maria Aparecida Barbosa (USP)
	Maria Helena Zamora (PUC-Rio)
	Maria Margarida de Andrade (Umack)
	Roque Ismael da Costa Güllich (UFFS)
	Toni Reis (UFPR)
	Valdomiro de Oliveira (UFPR)
	Valério Brusamolin (IFPR)
SUPERVISOR DA PRODUÇÃO	Renata Cristina Lopes Miccelli
ASSESSORIA EDITORIAL	Bruna Holmen
REVISÃO	Andrea Bassoto Gatto
DIAGRAMAÇÃO	Renata Cristina Lopes Miccelli
CAPA	Carlos Pereira
REVISÃO DE PROVA	Jibril Keddeh

Dedico este relato a mim.

AGRADECIMENTOS

Agradeço a Deus, a Deus e a Deus.

APRESENTAÇÃO

De acordo com o dicionário on-line *Aurélio*, "cicatriz" significa "marca deixada no corpo por um ferimento. Impressão duradoura deixada por uma ofensa, ingratidão, desgraça". Não tenho marcas no corpo, mas na alma. Cicatrizes na alma são difíceis de serem curadas, esquecidas, deixadas de lado. Elas lembram-nos dia e noite que estão ali guardadas em um lugar que só a elas pertencem.

As vivências dolorosas são as responsáveis pelos sinais, algumas vezes definitivos, fixados no espírito e que marcam profundamente a nossa vida. Uma alma cicatrizada é uma alma difícil de ser reconstruída. Depende muito do corpo físico, do pensamento positivo, do esforço da materialidade para reiniciar uma reconstrução lenta e dolorida. E, sim, dói muito.

Tentar. Esse verbo de primeira conjugação faz parte de todos os seres que são conscientes de que a vida é feita de batalhas, que é preciso viver o oposto do que se viveu e que se outrora foi transformado em uma estrela sem brilho, é necessário recuperá-lo com a própria força e a própria determinação. E você não só deve tentar, mas vencer suas próprias barreiras, tirar as pedras do seu caminho e atirá-las para longe, evitando, assim, novos tropeços na nova estrada a ser percorrida, agora sem obstáculos que arranquem lágrimas, pois elas devem pertencer unicamente ao passado.

O uso desse verbo tem um significado intenso nesse novo trajeto e é o destemor, a força espiritual, a confiança em você mesmo que fará com que continue, que coloque seus sentimentos no lugar. Assim como as estações mudam, eu também mudei e passei a exigir de mim mesma pensar que agora será melhor. Meu corpo precisava de uma alma leve, de uma alma curada de todo o mal que viveu no meu antigo eu. A velocidade do tempo abriu-me os olhos para uma nova vida e nela não há espaço para dores, sofrimentos, lágrimas, depressão, sorrisos forçados, felicidade enganosa, companhias indesejadas, pessoas fingidas...

Seguir em linha reta e não olhar para trás. Foi assim que levantei a cabeça. Ainda tenho muito a vencer, um passo de cada vez, mas quando a vontade é maior torna-se poder, verbo que pertence à segunda conjugação, que transforma todo sentimento em atitude. Saibam que no interior de cada ser existem dores que ninguém percebe, sacrifícios que nenhuma pessoa viu, cicatrizes que ninguém cuidou. Há sentimentos que ninguém pode julgar porque ninguém chorou as mesmas lágrimas ou sofreu a mesma amargura. Cada um de nós sabe o que tem no coração e que ninguém no planeta pode dar-se ao luxo de julgar.

Você, leitor, lerá um relato narrativo em primeira pessoa, minha trajetória, uma leitura diferente. Em alguns momentos você se sentirá falando comigo, viverá meus momentos em sua mente, sentirá minha dor, meu desespero, minhas alegrias, mas, além de tudo, poderá tirar lições de vida e um grande exemplo de força, superação e fé.

Sem nomes, sem datas, somente fatos reais. Como disse, será uma leitura DIFERENTE e muito fascinante. Leia!

Boa leitura!

O mês era junho, o dia que é dedicado aos namorados. Eu estava na igreja, vestida de noiva, toda produzida, um monte de gente me olhando, aquele trajeto da porta até ao altar parecia infinito...

Começar é difícil... São tantos fatos, detalhes, histórias marcantes... Singular. Todos nós somos únicos e, às vezes, com histórias de vida bem semelhantes. A diferença está nas particularidades.

Venho de uma família grande, humilde. Meus pais lutaram, sofreram, choraram, mas dentro das suas possibilidades conseguiram criar seus sete filhos e mais dois sobrinhos. Meu pai trazia no rosto e nos braços marcas do sol devido seu árduo trabalho diário na "roça". Isso mesmo, ele plantava e colhia os alimentos para sua família em sua pequena chácara. Homem lutador, honesto, preocupado com a vida daqueles que colocou no mundo.

A existência é cheia de impressões, o destino é surpreendente, não sabemos nada, não determinamos nada. Minha vida é definida por narrativas tristes, alegres, surpresas e muita, muita batalha. Trago no peito uma tristeza que não tem fim e acredito que ela habita em mim desde o início da minha adolescência (que não tive).

Imaginem uma garota cheia de sonhos, 13 anos, inteligente, educada e que amava a companhia de um livro. Entre todas as aspirações que eu tinha, uma era a maior de todas e a mais especial. Como mencionei, venho de uma família humilde, meus pais suaram muito para que seus filhos fossem alimentados, vestidos, calçados, cuidados quando necessário e tudo mais que era preciso. Eu acompanhava as preocupações da minha mãe e observava-a sempre, e aí começou uma forte batalha dentro de mim. Dormia e acordava com o objetivo de estudar, de ter um bom trabalho, de ajudar minha mãe, deixá-la descansar a mente e o corpo. Ela trabalhava muito, incansavelmente, e isso me incomodava. O tempo ia passando, meu propósito continuava firme e forte. Precoce. Esse vocábulo trouxe muita dor para a minha vida! Vou explicar.

Minha paixão eram – ainda é – os livros. Em uma bela tarde, estava ensaiando para uma apresentação (eu dançava em um grupo local), sozinha em casa, portas fechadas, mas a janela da minha casa tinha um vidro quebrado. Além dos livros, eu simplesmente flutuava quando estava dançando, a música me tocava de uma maneira inexplicável e eu levava meu corpo com movimentos sensuais, soltos, dependia do ritmo.

Quando fiz um giro vi um homem na janela, olhando-me. Assustei-me. Ele me disse para não ter medo, pois ele era conhecido e queria falar com meu irmão mais velho. Respondi que meu irmão estava no trabalho. Depois desse dia ele me cercava no caminho da escola, convidava-me para tomar sorvete, e, então, começamos um namoro, com a permissão dos meus pais. Eu tinha 13 anos! Casamo-nos no ano seguinte. Eu estava grávida com apenas 14 anos de idade!

Minha mãe enlouqueceu, mas o casamento foi inevitável, pois ela não queria mãe solteira na família. Meu pai era contra o casamento, ele sabia o quanto eu queria ser diferente, mas fui ao altar. Meu filho nasceu. Eu não sabia o que fazer com aquele pequeno ser que dependia de mim para tudo. Minha mãe, Maria, cuidava dele. Eu só o pegava para amamentar e era uma sensação maravilhosa. Assim, fui aprendendo a amar aquela criança, meu filho, mais do que tudo. Um amor que brotou no meu coração com uma força extrema. Agora eu tinha mais motivos para viver, lutar pelos meus sonhos, por uma vida melhor.

Com o tempo meu marido foi se tornando uma pessoa agressiva, muito ciumenta (já era bastante e ficou pior). Ele tinha um irmão que vivia como nômade e acompanhava-o. Ele deixava-me sozinha por longos períodos com nosso filho. Sorte que eu tinha minha mãe. Em uma noite, de madrugada, meu filho começou a chorar sem parar. Eu fiquei desesperada, sozinha com aquela criança que não se acalmava. Tive vontade de sair correndo e deixá-lo lá, chorando, mas sabia que não podia fazer isso. Peguei um pano, enrolei meu filho e fui para a casa da minha mãe, no meio da madrugada, sozinha, a pé.

O pai estava no mundo, como sempre. Passávamos mais tempo distante do que juntos. Ele saía para jogar bola, conversar com os amigos, e eu ficava em casa cuidando do meu filho. Eu continuei estudando com muita dificuldade. Meu marido queria que eu parasse. Ainda bem que não o fiz.

O tempo foi passando, meu amor por meu filho tornava-se infinito e pelo pai dele findava dia após dia. Na verdade, com o passar do tempo descobri que nunca o amei, tudo foi pressão, ilusão de uma pré-adolescente que nada conhecia da vida amorosa. Nem pensava nessas coisas de amor naquele momento. Traições, grosserias, estupidez, ciúmes. Essas situações ficaram frequentes. Brigas, agressões verbais, eu chorava, sentia raiva de mim mesma, da minha mãe, que assinou aquele papel para que eu pudesse me casar, pois eu era menor de idade e não podia me casar sem autorização dos pais.

Mudávamos sempre de casa. Morávamos de aluguel e ele não queria trabalhar de maneira formal, queria viver no mundo, tentar a vida de maneira "fácil". Eu, muito jovem, cheia de planos, sonhos e um filho nas costas, tinha que estudar, fazer alguma atividade remunerada, e fazia, dava aulas particulares em casa.

E, assim, o tempo não parou. Meu filho já estava com 5 anos. Cinco anos! Descobri que estava grávida. Na realidade, eu quis ficar grávida. Por quê? Não vivia bem, sabia que o casamento não ia durar, mas não queria ter filhos de pais diferentes e queria uma filha. Minhas colegas de aula me chamaram de louca. E se não fosse menina? Eu afirmava que seria uma menina e que seria minha companheira.

Fiz quatro ultrassonografias e não deu para ver o sexo da criança, mas eu sabia que era menina. E foi. A felicidade estava em mim no momento em que ela nasceu. E agora eu ia me separar... Isso mesmo, eu não queria mais aquela vida, não o amava, nunca o amei, tinha sido tudo fantasia de criança. Iludi-me com o jeito como ele me tratava e o que eu imaginava que era amor, carinho e cuidado, na verdade era obsessão.

Eu, muito jovem, podia recomeçar. Morávamos numa casa ao lado de uma senhora idosa que cuidava do neto. Eu gostava de conversar com ela. Era muito sábia e percebia meus sentimentos sem precisar dizer uma palavra. Tínhamos um vizinho, amigo do meu então marido, que me olhava de forma maliciosa.

Um dia, ia acontecer um show na cidade e esse vizinho e ele combinaram de ir. Esse rapaz foi até a minha casa mais ou menos umas 16h30 perguntar por ele. Eu disse que meu marido não estava e ele me pediu para falar que já havia comprado os ingressos. Respondi que tudo bem. Então falei com uma amiga e pedi para que passasse em casa para irmos para o show também. Ela ficou meio apreensiva, pois sabia como meu marido era, mas eu disse que iríamos depois que ele saísse.

    Separei uma roupa, consegui quem ficasse com as crianças e fiquei quieta, com a rotina de sempre. Ele chegou em casa, tomou banho e quando foi para o quarto viu minha roupa. Então ele foi até a sala onde eu estava, com a minha filha no colo, que tinha uns oito ou nove meses. Ele perguntou-me para onde eu achava que ia e eu não respondi. Perguntou mais uma e mais uma vez. Um ódio surgiu dentro de mim e eu explodi, disse que como ele ia ao show com o amigo, eu ia com minha amiga também.

    O olhar de fúria dele para mim foi amedrontador, mas fiquei firme. Ele gritou que eu não iria sair de casa, jogou minha roupa no chão e foi para o quarto. Coloquei minha filha no tapete e pedi para meu filho cuidar dela. Em seguida, fui ao quarto e disse que iria sim, que como ele podia fazer o que quisesse, eu também não ficaria mais em casa. E, assim, formou-se uma discussão.

    Dentro do guarda-roupa havia um facão dentro da bainha. Ele pegou-o, jogou-me em cima da cama e começou a me golpear. Consegui sair da cama e pedi que parasse, mas ele continuou mais forte e me jogou novamente em cima da cama. Nesse momento, meu filho entrou no quarto, pediu que ele parasse e gritou que quem batia em mulher era covarde. Só assim ele se conteve. Meu filho abraçou-me.

    Minha costa ardia, minha cabeça doía, meu bebê chorava na sala. Fui buscá-la e o pai estava com ela. Chorando, ele olhou para mim me pedindo desculpas. Tirei minha filha dos braços dele e fui para o quarto com as crianças. Tranquei a porta e passei toda a noite chorando em silêncio, pois não queria que as crianças se assustassem mais. Antes de tudo isso acontecer eu já havia me separado, porém minha mãe vinha com seus conselhos, no imperativo, e fazia-me voltar.

Ao amanhecer fui até o meu pai. Não sabia se queria que ele me visse naquele estado. Sabia que ia doer em sua alma. Eu era sua filha, qual pai se sentiria bem em ver a filha machucada? Nenhum. Mas eu tinha que mostrar o acontecido. Meu pai, muito sensato, muito paciente, conversou com o covarde pacificamente e me olhou com um olhar de dar pena. Eu sabia que seu coração partia-se em mil pedaços ao olhar para aquelas marcas em meu corpo. Conversei com meus irmãos e pedi que fossem buscar minhas coisas assim que o sol nascesse no dia seguinte. À noite fiz o jantar para meus filhos. Quando meu marido chegou, olhei-o nos olhos e disse que ia embora ao amanhecer e que nunca mais olharia na cara dele. E fui!

Por que não me separei antes que chegasse a esse ponto? Muitos me fizeram essa pergunta. Vou contar as situações. Quando tive minha filha, eu estava me preparando para a separação, organizando os detalhes, procurando um local para minha nova vida, eu e as crianças.

Minha irmã mais jovem — somos três meninas e quatro rapazes — casou-se muito cedo também, mas ao contrário de mim ela era — aliás, é — feliz no casamento. Ela teve seu primeiro filho, um garoto lindo, de olhos claros, pele branquinha, parecia um anjo, e o sonho dela sempre foi constituir família. Seu filho era tudo em sua vida, ela cuidava dele de tal forma que ficávamos boquiabertas.

Eu estava decidida a mudar minha vida, recomeçar, só eu, meu filho e minha filha. Certo dia mais ou menos às 18h, recebi uma ligação da mãe do meu sobrinho que estava internado, dizendo que minha irmã estava no hospital chorando muito. Ela estava desesperada, pois não sabia o que estava acontecendo.

Minha irmã mora em uma cidade próxima à que eu moro. Ela mudou-se devido ao emprego do esposo dela, que é policial. Era final da Copa de 1994, a cidade estava agitada. Meu cunhado estava do outro lado da rua da casa deles, de costas. Minha irmã estava na porta com seu filho e a babá. Ela foi fazer algo dentro da casa e meu sobrinho e a babá ficaram na porta. A moça distraiu-se por um segundo, meu sobrinho avistou o pai e correu para encontrá-lo.

Quando ele começou a atravessar a rua, veio um carro e o motorista não conseguiu desviar, pegando-o em cheio, arremessando-o distante. As pessoas que estavam em volta colocaram as mãos nas cabeças, então meu cunhado virou-se e percebeu o que tinha acontecido com a maior riqueza de sua vida: um grave acidente. A minha irmã parece que sentiu o que havia acontecido com seu tesouro, o amor de sua vida, pois veio correndo.

Cidade pequena, poucos recursos, a ambulância veio com eles para Porto Nacional, mas meu sobrinho não resistiu aos ferimentos e veio a óbito. Nós, a família da minha irmã, não sabíamos de nada até que eles ligaram do hospital. Avisei meu pai, meus irmãos e fomos para lá.

Quando chegamos, minha irmã estava fora de si, mas ainda não sabia que seu filho, que tanto parecia um anjo, de apenas 1 ano e 8 meses, agora era realmente um anjinho. Foi e ainda é muito triste lembrar esse fato. Minha irmã ficou arrasada por muito tempo. Até hoje essa perda a deixa triste. Primeiro filho e às vésperas de aniversário de 2 anos... E com esse fato a minha separação não aconteceu.

Alguns meses depois, resolvi que ia embora mesmo, que ia tentar a vida em outro lugar, em outro estado; escolhi Minas Gerais. Conhecia um advogado que virou amigo e membro da família e que morava em Uberlândia. Assim, fui para lá com a cara e a coragem. Minha mãe não queria de forma alguma, mas eu queria essa mudança.

Chegamos àquele lugar e era tudo muito novo. O amigo advogado foi nosso ponto de apoio. Após organizar a casa, saí em busca de emprego. Consegui vaga em uma pequena escola e já iniciei. Fiz seleção para transferência da faculdade e consegui. Fiz logo a matrícula e na semana seguinte comecei estudar.

A turma era boa, os professores capacitadíssimos. Algo que achei muito interessante foram as aulas de inglês, interativas, e o nível dos acadêmicos era muito bom. Eu não tinha tanta afinidade assim com o inglês, mas como não queria ficar para trás fui estudar, afinal não queria ser inferior. Lembro-me do jeito como meus colegas me olharam quando uma professora pediu que eu me apresentasse para turma e eu disse que era de Tocantins.

Uma garota me perguntou se em Tocantins não moravam só índios e negros. Fiquei indignada, mas com muita calma e educação perguntei a ela se eu parecia uma índia. Todos, inclusive ela, sorriram, e a resposta veio em seguida. Ela disse que eu não parecia uma índia. Então lhe disse que a resposta estava ali, bem na frente dela. Todos se calaram e começaram a me olhar de forma diferente, mais amigável.

Tudo estava indo bem, encaixando-se: estudava, trabalhava e cuidava dos meus filhos. Numa tarde nublada recebi um telefonema. Era minha irmã me avisando que minha mãe estava muito doente, em uma cama de hospital. Não hesitei.

Conversei no trabalho e pedi uns dias para visitá-la, afinal já fazia quase dois anos que não via minha família. Minha mãe escrevia cartas para mim. Isso mesmo, cartas, e era maravilhoso! Organizei tudo e viajei de Minas para Tocantins, para onde pensei ficar muito tempo sem ver. Essa era a minha intenção, mas o destino é repleto de surpresas.

Ao chegar, fui ao hospital. Fiquei arrasada, pois havia dois anos que eu não a via, só nos falávamos por carta ou telefone. Nessa hora meu coração doeu. Eu senti uma angústia que nunca havia sentido antes quando vi minha mãe tão magra, tão debilitada, deitada naquela cama de hospital. Minhas lágrimas caíram sem cessar. Olhei para ela, ela abriu os olhos e pediu para que eu não chorasse, mas que lhe desse um abraço porque ela estava com muitas saudades de mim. E assim eu fiz. E quando senti aquele abraço materno que há muito tempo não sentia, desabei e senti uma calma invadir a minha alma. Era a minha mãe que estava ali, abraçando-me, um abraço que ficou para sempre gravado em minha memória.

Voltei para casa. Certo dia estava no terminal aguardando o ônibus coletivo e ouvi alguém me chamar pelo nome. Várias interrogações surgiram em meu pensamento. Quem era? Olhei e era ex-marido (em memória) de minha ex-cunhada. Eles tinham se separado havia dez anos. Conversamos e ele perguntou se eu não queria ir para Guaraí - TO para trabalhar com ele. Ele tinha uma fábrica de cadeira de fibras (em algumas regiões chama-se cadeira de macarrão). Eu disse que sim, pois pensei em minha mãe. Ficaria mais perto e seria mais fácil de visitá-la e acompanhar de perto o tratamento a que estava sendo submetida. Além disso, meu ex-marido estava em Minas, atormentando-me o tempo todo, já não sabia o que fazer. Pensei que se me mudasse isso poderia melhorar. Então ele me pediu para eu me organizar porque partiríamos em três dias.

    O ex da minha ex-cunhada colocou-nos em uma casa que era dele. Levou-me ao supermercado, fizemos compra e no dia seguinte fui trabalhar em seu escritório. Falei a ele que lutaria por uma vaga de professora e que se conseguisse não poderia continuar trabalhando no escritório e ele disse que estava tudo bem. Fiquei aliviada!

    Dois meses depois consegui uma vaga em uma escola. Estava no meu sangue ser professora. Agradeci muito o que ele havia feito por mim. Mudei da casa, pois não tinha sentido continuar morando na casa cedida por aquele que muito fez para me ajudar. Pedi para o pai dos meus filhos ir embora ou arrumar outro lugar para ficar. Disse-lhe que não dava mais (dizia sempre, já estava chato essa repetição), que era para ele tocar a vida dele, que era o que eu estava fazendo com a minha vida, mas ele não aceitou e foi para dentro da casa. Imaginem a situação! Ele não trabalhava e passava o dia me atormentando. Eu saía do trabalho e quem estava na esquina? Ele, vigiando-me. Eu respirava fundo.

    Minha mãe havia piorado nesse período de tempo, então retornei para Porto e conseguimos transferi-la para Goiânia - Go. A esperança e a fé de que ela ficaria bem se fortaleceram. E meu pai foi com ela, acompanhando-a. A doença que ela tinha era a calazar, causada pelo protozoário parasita Leishmania, transmitida pela picada de mosquitos-palha infectados. O parasita ataca o sistema imunológico e meses após a infecção inicial, a doença pode evoluir para uma forma mais grave, que quase sempre é fatal se não for tratada.

Depois de uns dias internada, meu pai ligou dizendo que o médico precisava da autorização de todos, dele e dos filhos, pois todos eram maiores de idade, para que realizasse uma cirurgia de risco, que poderia levá-la a óbito. Porém, se ela não a fizesse, ela também poderia morrer, então concordamos. No outro dia, no período da manhã pós-cirurgia, ela acordou, sorridente, conversando, com fome. Conseguiu até ir ao banheiro sozinha. Foi uma alegria total.

Estava pronta para ir até lá, para meu pai descansar e vê-la. Eu sairia às 16 horas. Às 15h45 cheguei à rodoviária, e alguns minutos depois meu celular tocou. Olhei para a tela e vi que era a minha madrinha, irmã do meu pai. Atendi e ela perguntou onde eu estava. Eu respondi e ela me disse que não era para ir para Goiânia e, sim, para Porto. Perguntei o porquê e o silêncio foi a resposta. Entendi o que havia acontecido.

Minha mãe ficou boa o tempo suficiente para olhar para o meu pai e ligar para os filhos. Sim, ela nos ligou. À tarde, às 15h45min, mesmo horário em que cheguei à rodoviária, ela sentiu-se mal, foi levada às pressas para UTI, mas não resistiu. E às 16h, quando meu ônibus sairia, ela fechou os olhos para nunca mais abrir. Chorei, chorei e chorei, ali, naquele box, onde esperava o ônibus. As pessoas me olhavam sem saber o que estava acontecendo. Fiquei sem chão.

Voltei para casa, pois não havia ônibus para Porto. Pedi para o pai dos meus filhos me levar até lá. Um filme passou na minha cabeça. As lágrimas não paravam, minavam da alma. Lembrei-me de suas lutas, dos dias em que a vi preocupada com contas, alimento, bem-estar dos filhos. O corpo chegaria às 10h. Chegou. Fiquei no quarto com meu irmão, não acreditávamos que ela estava ali, no meio da sala, dentro de um caixão, um caixão que em poucas horas seria tampado e colocado em um buraco e coberto de terra para sempre.

Ficamos horas ali, naquele quarto. Quando senti minhas pernas fui até a sala e quando meus olhos viram-na ficaram inertes. Senti uma mão tocar meu ombro. Era minha irmã. Choramos abraçadas. Mas a vida tinha que continuar.

Voltei para Guaraí e levei meu pai comigo. Ele não queria que eu ficasse sozinha, pois temia que meu ex-marido fizesse algo ruim comigo. Não podia ficar com meu pai como ele queria porque tinha que transferir meu emprego e não era tão fácil, e eu não podia ficar desempregada. Após uma semana, meu pai voltou e eu continuei em Guaraí. Pedi a transferência, mas enquanto não conseguia tinha que trabalhar.

A situação com o pai das crianças estava insustentável. Ele não saía da casa, não me deixava em paz, não trabalhava. Eu sustentava a casa em tudo. Meu pai me disse: "Vem embora". Fiz uma mudança parcial: deixava minha filha com minha irmã e passava a semana em Guaraí, trabalhando, com meu filho mais velho. Na outra semana deixava o meu filho mais velho e pegava a menor. Fiquei nessa vida, tudo para não perder o emprego, pois meu pai não tinha condições de nos sustentar.

Em uma ocasião deixei meus filhos com minha irmã e voltei para Guaraí para trabalhar. Trabalhava em um povoado que ficava mais ou menos uns 20 km da cidade e não tinha transporte para nos levar (eu e a outra professora). Íamos de carona e tínhamos que estar na estrada às 5h30 para chegarmos no horário certo para ministrar as aulas. Mas o povoado era tão aconchegante que nos esquecíamos das dificuldades para chegarmos até ele. A comunidade preocupava-se conosco.

Eu olhava para as crianças que lá moravam e sentia o quanto elas esperavam de nós, professoras, e de toda a equipe escolar. A humildade e o amor que elas transmitiam era o que me mantinha com forças para ir até lá e, de forma prazerosa e consciente, ajudá-las a ampliar saberes de forma sistemática e dinâmica.

Aqui em Porto eu tenho uma amiga da vida inteira, que tem um irmão que é sargento militar. Meu ex-marido ficou sabendo que eu estava sozinha na casa da irmã dele de favor – a casa estava vazia e ela permitiu que eu ficasse lá para dormir, pois trabalhava o dia todo e voltava somente à noite. Então meu ex foi à casa da minha amiga e pediu-lhe que falasse com o irmão dela para que ele emprestasse um gravador. Sem desconfiar de nada, ela falou com o irmão, que lhe deu o tal gravador.

Meu ex foi à feira da cidade para comprar uma fita, que era especial, menor do que as normais. Chegando lá, ele discutiu com o dono da banca e eles começaram uma luta braçal. O feirante pegou uma arma branca e o atacou. As pessoas ficaram assistindo, não quiseram ajudar, pois o meu ex tinha fama de valentão. O vendedor atingiu meu ex e quando foi deferir o golpe fatal, um pastor interferiu. Esse pastor levou-o ao hospital e os médicos salvaram-no.

Ele queria o gravador para me forçar a dizer coisas que me incriminassem, pois ele desejava me prejudicar de alguma forma. Ele mesmo ligou-me do hospital e fui vê-lo. O local do ferimento estava enrolado com uma faixa, pois tinha atingido uma veia, cujo nome não me lembro, e era importante interromper o sangramento rapidamente. Não senti nada. Só olhei e fui embora. Depois fiquei sabendo de toda a história.

Uma semana antes ele havia entrado na casa e permanecido lá, escondido, até eu chegar do trabalho. Queria saber se chegaria sozinha ou acompanhada. Cheguei acompanhada do meu filho, cansada, e ainda tive essa surpresa desagradável, além do susto e de ter que escutar besteiras. Complicado! Eu tinha vontade de surtar, de gritar, de bater, de morrer!

Finalmente consegui a transferência. Chorei de felicidade. Marcamos uma missa para minha mãe. No dia da missa, pela manhã, meu ex foi até a casa do meu pai, onde eu e meus filhos estávamos morando, e perguntou se podia ir à missa. Não vi problema nisso. Ele saiu e levou meu filho com ele, prometendo que o traria após almoçarem. Quando foi 17h ele ainda não tinha trazido meu filho. Esperei. A missa era às 19h. Às 18h40 ele chegou com meu filho, parou o carro na rua e lá ficou. Fui até eles.

Ele estava bêbado e começou a me empurrar. Peguei meu filho pelo braço e saí correndo para dentro de casa. Ele correu atrás de mim, mas meus irmãos estavam lá. Então ele jogou uma pedra e acertou a janela da sala, quebrando-a. Meus irmãos e meu pai saíram para contê-lo. Ele empurrou meu pai, que caiu no chão. Um dos meus irmãos ficou muito bravo e começou a esmurrá-lo. Os outros o pegaram, colocaram-no no carro e levaram-no para casa da mãe dele. Fui à missa. Não podia deixar de rezar por minha mãe por causa de um ser tão...

Eu trabalhava de manhã, à tarde e à noite, e ele nunca perguntava se os filhos estavam precisando de algo ou mesmo ia vê-los. Mas três dias após esse episódio, eu cheguei do trabalho, às 22h, e ele estava na porta da minha casa. Disse que queria ver os filhos. Eu respondi que estavam bem, que tinham comido, tomado banho e já estavam dormindo. Então, procurando algo para tirar a minha paciência, ele falou que queria entrar na minha casa. Meu pai também já estava dormindo. Como meu irmão mais novo e minha irmã moravam lá, às vezes meu irmão saía lá fora, outras vezes a minha irmã, até que ele foi embora.

Recordo-me de um episódio revoltante. Os professores da rede estadual periodicamente tinham uma formação continuada. Algumas vezes ela acontecia na capital. Um dia, fui para uma dessas formações. Dias antes meu pai havia feito uma cirurgia no olho (catarata). Algumas coisas minhas, como sofá e outros móveis, estavam guardados em um quartinho por não haver espaço para colocar. Ao saber que eu não estava na cidade, o pai dos meus filhos ficou furioso e foi até a casa de meu pai, que estava em repouso devido à cirurgia.

Ele entrou sem meu pai perceber, foi até o meu quarto e mexeu em tudo. Depois foi no quarto onde minhas coisas estavam guardadas, pegou o sofá, arrastou-o até o quintal e simplesmente ateou fogo. A fumaça invadiu a casa. Assustado, sem poder enxergar e sozinho em casa, meu pai gritou pelo vizinho, que já estava chegando lá para saber o que era tanta fumaça e viu o que meu ex havia feito. Ele descreveu a situação para o meu pai. Para um homem de caráter, trabalhador como ele era, isso foi muito desrespeitoso e ele ficou arrasado.

Quando cheguei a casa e vi o que havia acontecido, meu sangue ferveu. Eu gritei, falei palavrões, desejei tudo de ruim para aquele ser repugnante. Então olhei, sentei e chorei. Chorei pelo meu pai, por mim, pelos meus filhos, pelos meus irmãos. Peguei as crianças, dei banho neles e arrumei o jantar. Eles jantaram e eu coloquei-os para dormir. Os cansaços físico, mental e emocional tomaram conta do meu do corpo e eu também adormeci.

Pela manhã conversei com meu pai e pedi desculpas. Sempre sensato, ele acalmou-me. Desprezamos a situação e a rotina continuou. Meses depois meu pai casou-se e mudou-se. Ficamos eu, minha irmã e meu irmão na casa. Tive paz por um período e achei estranho. Imaginei que ele podia estar tramando algo pior.

A vida estava difícil: cuidar das crianças, trabalhar muito, ganhar pouco, contas, comida, remédio, roupas... Para complementar a renda eu dava aulas particulares, mas essas aulas estavam escassas. O salário mal dava para as despesas principais. Uma noite, eu abri a geladeira e vi que não tinha nada, e ainda faltavam duas semanas para o pagamento. Passei a noite acordada, sem saber o que fazer. Ir atrás dele? Nunca. Minha irmã era casada, morávamos todos na mesma casa, mas era cada um por si. Ela cuidava do marido e da filha, não se envolvia muito comigo e seus sobrinhos.

No dia seguinte fui trabalhar e levei as crianças para lancharem na escola. Voltamos às 11h e não tinha almoço. Entrei no quarto com meus pequenos e comecei a conversar com eles. O mais velho perguntou pelo almoço. Virei o rosto e olhei para minha filha, quieta, brincando com uma escova de cabelo. Ela tinha quase 3 anos. Pedi que ficassem no quarto. Fui até a varanda, sentei-me no encosto, abaixei a cabeça e chorei. Não tinha nada, não tinha dinheiro.

Olhei no relógio. Eram 11h47. Levantei a cabeça e um rapaz estava parado na porta de casa com umas sacolas, que deveriam ser entregues para mim. Perguntei quem havia mandado e antes que ele respondesse o pai dos meninos apareceu dizendo que sabia que eu não tinha nada em casa.

Naquele momento eu não pensei em nada. Peguei as compras, fui para a cozinha, preparei uma refeição rapidinho e busquei meus filhos para almoçarem. Agradeci. Ele foi embora. Depois de algumas horas pensei em como ele sabia que não havia alimentos. Descobri que ele entrava em casa na minha ausência e mexia em minhas coisas – guarda-roupa, bolsa, tudo. Mas eu sabia que esse gesto não seria em vão.

À noite fui trabalhar e quando retornei lá estava ele, parado, como um poste, no mesmo lugar. A expressão em seu rosto era de que havia realizado um grande feito e que era o herói do momento. Veio falar comigo como se fôssemos um casal. Olhei naquele rosto e perguntei se ele achava que havia feito um favor em levar alimentos para os filhos. Disse que não mudava em nada a nossa situação, que ele deveria sentir vergonha em entrar na minha casa como um rato e mexer em tudo sem permissão. Falei, ainda, que ele não havia feito mais do que obrigação e que se tivesse um mínimo de consciência faria a mesma coisa sempre. Então entrei, tranquei a porta e, mais uma vez, as lágrimas surgiram. Quando teria paz? Quando isso passaria? Nunca? Quinze meses havia passado desde a separação e nada mudava.

Na cidade sempre aconteciam shows, festejos, e eu não ia para lugar algum, nem à missa, por medo da perseguição. Onde a minha irmã morava – e continua morando – há uma festa tradicional e resolvi que iria com meus irmãos. Fui. Festa animada, organizada. Sempre amei dançar (e todo esse período de tormenta nunca mais tinha dançado). Como disse no início, era umas das minhas paixões. Começava a dançar e parecia que estava no céu, tranquila.

Fazia muito tempo que não sabia o que era sorrir, viver, sentir alegria, prazer em fazer algo. Estava dançando, chegou um rapaz e pediu licença para meu par, dizendo que queria dançar comigo. Dançamos duas músicas, então parei e fui para a mesa em que estávamos. Quando me sentei percebi que o marido da minha irmã não estava lá. Perguntei por ele e ela olhou-me de uma forma que me assustou. Simples: meu ex estava lá e meu cunhado (policial) estava conversando com ele, pedindo que não fizesse nada porque ele não hesitaria em prendê-lo até passar a festa. Isso para mim foi o fim. Levantei-me para ir embora, mas meus irmãos me pediram para ficar e não me preocupar. Consegui relaxar e fui dançar.

O mesmo rapaz pegou-me pelo braço assim que me aproximei do salão e não me soltou mais. Ele pediu o meu número, eu disse, mas pensei que não se lembraria, pois estávamos dançando, estava barulho e tal. Fui embora antes de ver a pessoa que me fazia perder o sorriso, a calma, a segurança, tudo.

No dia seguinte, domingo, ficamos até o almoço e retornamos para casa. Estava leve. Tomei banho, arrumei as crianças e fomos a uma pizzaria, nós três. Meu telefone tocou. Não conhecia aquele número, atendi. Era o rapaz do salão da festa, que jurei que não decoraria meu número. Conversamos pouco tempo, ele me perguntou se poderia ligar novamente e eu disse que sim. As ligações ficaram cada vez mais frequentes. Ele insistia em me ver, mas eu me esquivava, pois não queria problemas.

Certo dia, depois de muita insistência, eu contei a ele a minha situação e ele me disse que não havia problema, que não tinha medo e que se eu permitisse ele iria à minha casa e estaria pronto para enfrentar qualquer coisa. Pensei muito e aceitei que fosse. Não deu outra. Minutos depois que ele chegou, estávamos conversando e quem apareceu? Isso mesmo, a criatura que me perseguia dia e noite. Uma discussão começou. Pedi para o rapaz e para o meu irem embora, mas nenhum deles foi.

Meu ex até saiu, mas cinco minutos depois voltou com mais seis homens. Entre eles estava um sobrinho dele, que percebeu a situação e não deixou que nada acontecesse. Ele convenceu os rapazes a irem embora, pediu-me desculpas e conseguiu levar o indivíduo com ele. Conversei um pouco mais com o rapaz e pedi que ele fosse embora. Ele disse que ia, mas que voltaria, e que era para eu pensar porque ele queria ter um relacionamento sério comigo. Algumas semanas depois começamos um namoro.

Tinha muito medo da perseguição do meu ex, mas as coisas foram se acalmando. Continuei trabalhando, ajustando as coisas. Meu pai separou-se da mulher e voltou para casa. Eu estava muito calma, sentido paz pela primeira vez depois de muito tempo. Tudo isso foi difícil? Sim, foi. Muito. Mas o pior dos piores aconteceu depois. Acredito que tudo que contei até agora foi de tirar o fôlego, foi triste, foi aterrorizante, foi doloroso, mas o que vou contar foi pior.

Acredito em Deus e sei que tudo nesta vida tem um propósito. Sempre ouvi a seguinte a frase: "Deus só dá o fardo que você pode carregar". Muitas vezes, nas solitárias madrugadas, perguntava para Deus porque meu fardo era tão pesado, tão dolente. Nunca pensei em tirar minha vida, mesmo porque ela não me pertence, pertence aos meus filhos e ao próprio Deus, mas pensei em sumir sem rumo no mundo. Talvez a minha trajetória mudasse para melhor, porque pior do que estava, talvez nem a morte. Aliás, em certos momentos da minha vida acho que ela seria a solução! Bem, vamos lá...

Sabe esse rapaz que conheci? Que mesmo com a confusão que o ex aprontou não desistiu? Iniciamos uma história, ele muito atencioso e carinhoso comigo e com minha filha, já com 3 aninhos. Meu filho, esqueci-me de contar, foi morar com o pai, que resolveu ir para uma cidade próxima para recomeçar a vida. Vou contar como foi essa mudança do meu filho adiante, quando falarei somente sobre ele.

Este rapaz morava em uma fazenda bem próxima à cidade. Assim que nos conhecemos, ele iniciou um trabalho, onde ele ficava durante toda a semana, retornando aos finais de semana. Depois de um mês ele começou a vir do trabalho e a ficar em minha casa. Aos domingos íamos à casa da mãe dele para almoçar. E assim aconteceu durante quatro meses. Então ele comprou um barraco – de acordo com o dicionário, barraco é uma construção tosca, improvisada, e era assim mesmo. Mudamos para lá, eu, ele e minha filha. O casebre tinha apenas uma pequena cozinha, uma sala minúscula, dois quartos de tamanho mediano e um banheiro; não tinha reboco. Na verdade, nossa casa era um monte de tijolo um em cima do outro. Essa foi a descrição que minha filha fez quando minha amiga perguntou a ela se estava gostando da nova casa. Achei muito fofo, pois ela tinha quase 4 anos e nunca tinha visto uma casa sem reboco e tinta. A casa do meu pai não era pintada, mas tinha reboco.

Bom, começamos ali, o tempo foi passando e fomos ajeitando tudo. Ele trabalhava muito e eu também. Aos poucos fui observando algumas atitudes que me incomodavam, como: ele fazia conta de tudo, era muito (muito) egoísta, bebia e fumava demais, e aos finais de semana a casa estava sempre cheia com seus amigos de estrada. Depois que fomos morar juntos, o pai dele comprou dois caminhões e eles foram trabalhar juntos. As viagens eram sempre por perto, raras vezes ficávamos sozinhas em casa, mas quando ficávamos eu tinha medo, porque além do lugar ser deserto (setor novo, em construção) e escuro, a casa não tinha segurança.

Minha filha gostava muito dele, os dois brincavam, corriam, e quando eu a via feliz até me esquecia das coisas que ele estava demonstrando e que estavam me chateando. Porém o egoísmo dele foi ficando insuportável. Nosso único meio de transporte era uma moto (velha). Eu trabalhava 40 horas semanais e ele queria que eu estivesse em casa sempre que ele estivesse, o que era impossível, mas quanto a isso eu não dava importância.

Como já mencionei, eu tenho uma amiga da vida toda e quando ela ia me visitar ele sempre implicava, não gostava, porque tinha ciúmes da minha amizade. Certo dia ele chegou a dizer para ela que ela não era amizade para mim porque era solteira. Fiquei de cara no chão. Nesse dia ela foi embora da minha casa, mas nossa amizade continuou. Conversamos depois e nunca deixei de visitá-la.

Ele ficava irritado quando me ligava e eu estava na casa dela. Disse a ele que antes de conhecê-lo eu já a conhecia e que não deixaria de falar com ela ou vê-la porque ele queria. Eu havia a incentivado a estudar, a fazer um curso de inglês, e ela estava empolgada com essas novas aprendizagens, mas após esse episódio ela ficou desmotivada e acabou desistindo. Fiquei muito chateada em saber que aquele comentário sem fundamento a fizera desistir de algo que seria bom para seu crescimento profissional e pessoal. Conversamos muito sobre isso várias vezes, até que foi superado.

    Depois de algumas semanas, eu estava em casa e no final da tarde chegou um rapaz. Ele conversou com meu companheiro por um tempo, os dois saíram, e quando retornaram o rapaz pegou a chave da moto, o capacete, eles apertaram as mãos e o moço saiu com a moto. Achei estranho ele emprestar a moto e perguntei o que tinha acontecido. Ele virou-se para mim e disse que estava "cortando as minhas pernas", que eu não ia mais sair tanto para a rua. Olhei para ele sem saber nem o que pensar e questionei se ele havia se esquecido de que eu trabalhava do outro lado da cidade e que estudava à noite. Ele respondeu que eu não tinha mais como eu sair para rua, parecia que não tinha ouvido o que eu disse sobre o trabalho e a faculdade.

    Passei a noite pensando em como iria para o trabalho, sendo que tinha que estar lá antes das 7h, e com a minha filha. Sim, eu levava-a para o trabalho porque não tinha com quem deixar; ela já estava com 5 anos e meio, mais ou menos. Chorei, chorei. Ele? Dormiu igual a uma pedra. As 5h30 fiz um café, tomei um banho, acordei minha filha e saí de casa a pé, nós duas, rumo ao meu trabalho, que, como disse, ficava do outro lado da cidade.

    Tive medo, pois a rua ainda estava escura. Carros passavam, alguns buzinavam, outros paravam e ofereciam carona, mas eu não aceitei. Cheguei à escola onde ministrava aulas às 6h45. Na hora do almoço eu não voltei para casa, pois não havia tempo e o sol escaldante do meio-dia era insuportável. Então eu fiquei na escola das 7h às 17h.

E assim foi durante quinze dias. Emagreci uns oito quilos, pois nem sempre eu almoçava, porque às vezes o lanche era insuficiente e eu só conseguia para minha filha. Na volta fazíamos o mesmo trajeto a pé. Quando minha filha cansava, eu a levava nas costas por um tempo, ou parávamos e sentávamos um pouco à beira da estrada para descansarmos, e assim fazíamos até conseguir chegar em casa.

A casa do meu pai era praticamente no quintal da escola, minha irmã morava lá, porém nunca me convidou para almoçar. Nessa época, eles (minha irmã e meu cunhado) tinham duas motos e um carro e nunca me ofereceram uma carona. Era o jeito dela e eu respeitava.

Tinha uma moça que cuidava da casa e da minha sobrinha. Um dia deixei minha filha lá a pedido da moça para que as meninas brincassem um pouco. No intervalo da escola fui até lá para ver se estava tudo bem e quando cheguei — ninguém me viu —, minha irmã estava chamando a atenção da moça porque ela estava dando banho na minha filha e ela era paga para cuidar da filha dela e não da filha dos outros. Isso me partiu o coração. Fingi que não ouvi nada, entrei, agradeci a moça, peguei minha filha e fui para escola para terminar minhas aulas.

A frase "filha dos outros" fez com que eu me sentisse uma estranha. Era minha irmã se referindo a mim dessa forma. Parecia que eu era uma desconhecida! Lembrei-me do quanto éramos unidas quando crianças e adolescentes. Brincávamos juntas, sorríamos juntas, dormíamos juntas e agora eu era os outros...

Fizemos muitas coisas juntas na infância. Na verdade, fazíamos quase tudo juntas. Lembro-me de um dia em que

Minhas cicatrizes

fomos com meu pai à fazenda onde minha vó materna morava, sozinha, na companhia de um papagaio. A ave falava com ela o dia inteiro. Quando meu pai terminou o que tinha ido fazer, chamou-nos para irmos embora e minha vó pediu para que ficássemos com ela.

Eu não gostava de dormir lá e disse que não ficaria, então meu pai pediu para minha irmã ficar. Ela balançou a cabeça positivamente e olhou-me com os olhos cheios de água. Olhei para ela e fiz um sinal para irmos lá fora. Perguntei se ela queria ficar ou se era apenas para agradar o nosso pai. Ela não queria porque eu não ia ficar, assim falei com meu pai para não deixá-la e assim ele fez. Fiquei com pena da minha vó, mas pensei que se ela sempre ficava lá com seu amigo de penas, uma noite a mais não faria diferença.

Outro fato marcante entre nós duas foi quando ela ficou grávida. Eu estava casada e morava perto da casa dos meus pais. No quintal da minha casa havia um pé de manga. Quando ela chegou e viu as frutas bem pequenas e verdes, não perdeu tempo. Colheu-as, foi até a cozinha, pegou um punhado de sal e comeu com muito gosto. Eu fiquei observando.

Nunca imaginei que estivesse grávida, pois não sabíamos que ela estava com alguém. Era difícil acreditar, ela mal ia à escola e estava sempre em casa. Ela olhou-me após devorar aqueles frutos e disse-me que estava esperando um filho, que não sabia o que fazer e muito menos como contar para os nossos pais.

Fiquei feliz por dois motivos: primeiro, por ela ter me escolhido para contar, e segundo, por ela está gerando uma vida. E lá fui eu resolver toda essa situação com meus pais, Não foi tão difícil. Difícil foi a família do pai da criança, que condenou a minha irmã. Tomei as dores e briguei. O rapaz queria muito ficar com ela e o bebê, formar uma família, mas a família dele torrou tanto a paciência que não deu certo.

E eu fiquei ao lado dela, dando todo o apoio. Organizamos o enxoval (eu e meu irmão número três), pois nem isso o rapaz ou a família dele fez. Esperamos a criança vir ao mundo para tomar outras providências. Quando ela nasceu, a cara do pai, fui ao Fórum para que ele arcasse com suas responsabilidades. A família dele queria DNA, mas quando a juíza viu a menina perguntou se realmente era necessário e todos, inclusive a irmã dele (que mais prejudicou a minha irmã), concordou que não havia necessidade. Assim, conseguimos pelo menos uma pensão.

E outra situação ainda mais intensa que passamos juntas foi um acidente. Minha mãe costurava. Certa tarde, ela pediu para que eu fosse comprar uns aviamentos que ela precisava para terminar umas encomendas. Claro, chamei minha irmã para ir comigo. Fui tomar banho, trocar-me para irmos, e ela também. Todas as vezes que saímos de casa, nossa mãe dava-nos mil e uma recomendações.

Fomos tranquilamente, conversando sobre nosso futuro, sonhos e um monte de coisas. Estávamos a pé, em uma rua movimentada, no centro. Quando chegamos próximo a um cruzamento, um caminhão de dois eixos, com tração nas rodas traseiras, veio em nossa direção. Subimos na calçada e ficamos atrás de um carro que estava ali estacionado. A motorista do caminhão jogou-o na calçada, bem próximo a mim. Eu escorreguei e caí embaixo do caminhão. Minha irmã ficou desesperada e correu para me puxar.

A partir daí não sabemos direito o que aconteceu. Quando demos por nós, estávamos embaixo do caminhão ainda em movimento. Minha irmã caiu e os pneus passaram por cima das pernas dela. Uma delas quebrou ao meio, como se um lápis, e ela desmaiou. A motorista deixou o veículo parado em cima da perna dela, desceu e saiu correndo. Uma multidão cercou-nos, mas ninguém ajudou. Ficaram ali, olhando. Uns queriam saber se estávamos mortas, outros se estávamos esmagadas. Eu estava tonta e desorientada, com sangramento na cabeça e na perna esquerda.

Então apareceu um senhor, que chamou o pessoal para tirar o caminhão que estava sobre nós duas. Eles juntaram-se e empurraram-no, e esse senhor colocou-nos no carro dele e levou-nos ao hospital. Uma mulher que conhecia meus pais viu tudo e correu até em casa para avisá-los. Minha mãe estava sentada, costurando, quando essa pessoa chegou gritando que eu e minha irmã havíamos morrido em um acidente. Aí foi a vez de a minha mãe desmaiar.

O senhor que nos socorreu era amigo do nosso pai e foi até ele para contar o ocorrido. Meu pai buscou minha mãe em casa para eles irem ao hospital. Ela já havia acordado e estava desesperada, passando mal, mas ficou mais calma quando meu pai lhe disse que não havíamos morrido. Quando eles chegaram ao hospital, eu estava zonza, não conhecia ninguém. Minha mãe falava comigo e eu não a reconhecia, mas estava bem.

Já minha irmã estava na sala de cirurgia. Correu tudo bem e quando ela foi para o quarto meus pais estavam lá, esperando por ela. Foi uma cirurgia longa e dolorosa. Foram colocados parafusos e ferros fixos na perna dela, que ficariam por vários meses. Depois de alguns dias ela pôde ir para casa.

Até o retorno ao médico foram longos meses de dor, sofrimento, mal-estar, noites sem dormir, ela e meus pais. Finalmente chegou o dia do retorno e as notícias foram as piores possíveis. Teria que passar por outra cirurgia, pois a perna dela tinha ficado torta, parecia um arco. E lá se foi ela para aquela sala gelada para sofrer mais uma vez. Meu coração doeu por saber tudo que ela estava passando, todo aquele desconforto.

Nem a moça que provocou tudo isso, nem sua família, procurou-nos. Os pais dela esconderam-na numa chácara e só depois de muito tempo – minha irmã já havia passado pela segunda cirurgia, já estava bem, caminhava, e eu também –, os pais apareceram em nossa casa para ver se precisávamos de alguma coisa... Meu pai disse que não, que eles podiam ir embora. Durante todo esse tempo foram marcadas umas três audiências, mas como ela não comparecia nós renunciamos. Minha irmã precisava de cuidados e atenção e isso era mais importante naquele momento. Ficamos bem eu e ela. Eu tenho cicatrizes e ela carrega parafusos na perna que serão enterrados com ela.

Certo dia, estou passando em uma praça, que ainda existe, perto de casa, e o irmão da moça estava lá. Ele olhou para mim e disse "Ainda bem que minha irmã não matou você, pois você é uma linda". Fingi não ouvi. Cheguei em casa com muita raiva. Meu irmão mais velho percebeu e perguntou-me o que estava acontecendo. Contei. Ele levantou-se e foi até a praça, mas não o encontrou.

Passado um tempo soubemos que esse rapaz envolvera-se em uma discussão em um clube, tinha levado um tiro e morrido. A irmã, que na época pegou o caminhão escondido, sofreu um acidente que a deixou paraplégica, e hoje ela vive na mesma chácara em que se refugiou quando nos atropelou, com sua amiga e fiel companheira cadeira de rodas.

Às vezes, à noite, minha irmã chorava de dor e eu chorava baixinho no quarto (ela dormia na sala, num lugar que meu pai adaptou), pois sabia que o que ela estava sentindo era muito ruim. Ainda bem que passou. Mas por um tempo, mesmo depois de sua perna ter ficado boa, minha irmão sentia dor, principalmente quando estava frio. Do meu jeito, silencioso, sofri com ela. Cada gemido, cada noite sem dormir, cada choro, era como se fosse em mim.

Rememorei esses fatos devido à atitude da minha irmã naquela manhã em relação a mim e à minha filha (sua afilhada). Mas tudo bem, cada um oferece o que tem, né? Essa minha irmã não é uma pessoa ruim. Não pensem isso. O jeito dela é esse e entendo. Quando aconteceu esse fato fiquei magoada, mas agora passou!

E por que não fui embora, não saí daquele relacionamento? Porque naquele momento eu não tinha para onde ir, não podia pagar aluguel ainda. Estava organizando minhas finanças para sair daquela casa, daquela vida, que estava me matando aos poucos. Minha autoestima estava baixa devido a certos comentários que ele fazia. Comentários que para ele eram bobos machucavam-me. Não vou citar porque tenho até vergonha, mais por ele do que por mim. Idiota!

Um dia, estava voltando a pé do trabalho, muito cansada, e um amigo dele reconheceu-me, parou e disse que me levaria em casa. Por conhecê-lo, aceitei, pois nesse dia eu estava morta, havia carregado minha filha nas costas quase metade do caminho, que tinha subidas e descidas – carreguei-a em todas as subidas. A carona apareceu justamente na maior delas. Ele deixou-me na porta de casa e o dito cujo, que estava lá, foi até o carro. Eu agradeci, entrei e eles ficaram conversando.

No curto caminho da carona, o rapaz perguntou-me por que estava indo a pé com uma menininha. Como eu estava com essa situação engasgada acabei falando tudo. No final, pedi desculpas e disse que fora somente um desabafo. Não sei exatamente o que conversaram, mas do nada meu companheiro disse-me para procurar uma moto para comprar.

Uma prima dos meus filhos por parte de pai havia me oferecido uma e não hesitei. Por mim eu iria a pé, mas a minha filha estava exausta, dava para perceber no rostinho dela. Liguei para ela, que ainda não a havia vendido, falei com ele, fomos ver e compramos. Fiquei feliz por não precisar mais maltratar minha filha fazendo-a percorrer aquela distância e comer somente o lanche da escola, mas me senti muito humilhada, então não disse uma palavra.

No outro dia fui trabalhar. Minha filha sentou-se na traseira da moto, passou a mãozinha na minha cintura e na sua inocência me disse: "Que bom, mamãe, que não vamos a pé. O tio é bom!". Meus olhos encheram-se de lágrimas. Fui chorando todo o trajeto e pensando na minha vida.

Meus alunos me alegravam. Trabalhava em uma escola de crianças humildes, muitos passavam necessidades, mas tinham tanto carinho por mim que sempre que eu chegava triste para trabalhar me animava com a atenção deles. Quando saí, passei em uma sorveteria, sentei-me com minha garotinha. Os olhinhos dela brilhavam. Pedimos um sorvete e ali ficamos alguns minutos.

Em frente à minha mesa vi uma professora, sozinha, olhar distante e triste. Lembrei-me dela. Mãe de dois, um menino e uma menina, seu filho de apenas 12 anos havia escolhido o caminho errado, era desobediente, respondia e batia de frente com ela. O pai tinha ido embora e nunca mais voltado, nem notícias dava (ela contou isso um dia, em sala de aula; havia sido minha professora). O olhar dela atravessava o horizonte. Fiquei imaginando o que se passava na mente dela naquele momento. Sua expressão facial entregava seus sentimentos tristes. Com o olhar fixo na mesma direção, ela pegava a colher com um pouco do sorvete e levava à boca. Uma lágrima desceu, ela secou com a outra a mão. Então se levantou e foi embora.

Pensei nela o resto do meu dia, o quanto ela estava sofrendo e precisando de um abraço verdadeiro que acalmasse aquele vazio interior e exterior que a cercava. Ela sofria sozinha – sofria pelo filho, pelo abandono sem justificativa do companheiro que jurara amar, respeitar, e todos aqueles juramentos que se faz diante do padre, dos padrinhos, das testemunhas e de todos os convidados no altar de uma igreja.

Lembrei-me de uma vizinha que tem uma história de vida triste pelo lado emotivo. Essa vizinha cuidava da mãe, do pai e de um irmão deficiente. Muito prestativa à sua família, cuidava – e ainda cuida – da casa e de tudo. Ninguém a via na rua por lazer, era sempre no supermercado ou na feira fazendo compras para casa.

Em um determinado período ela sumiu completamente. Muito raramente, ela aparecia na porta de casa, colocando lixo na lixeira ou varrendo as folhas secas que caíam na área da frente da casa. Um dia eu a vi no supermercado. Cumprimentei-a e não notei nada de estranho, pois ela não era mesmo de se arrumar, estava sempre de camiseta e bermuda.

Além do irmão deficiente, ela tinha um irmão mais velho, casado, que morava no fundo da casa dos pais; o quintal era dividido por um muro. Uma tarde, sua cunhada procurava por ela, pois ela havia sumido, o que não era comum. À noite ela apareceu. Estavam todos aflitos, mas ela disse algo e todos se acalmaram por ela estar em casa.

Três dias depois, uma mulher apareceu procurando por ela. Todos estranharam o fato de a mulher, estar com um bebê no colo. Quando a vizinha viu a senhora com aquele bebê correu para o quintal tentando esconder-se, mas a mulher já foi logo dizendo que não podia mais ficar com o bebê, que ele chorava muito e ela não tinha tempo nem condições de cuidar de um ser dependente de tudo. Os pais, a cunhada e o irmão da vizinha não estavam entendendo nada, então a mulher explicou que o bebê era neto e sobrinho deles.

A história foi que Nice – nome fictício da vizinha – teve um romance oculto e desse relacionamento surgiu o bebê. Ela disfarçou a gravidez até a criança nascer. Quando esse dia chegou, ela foi até a casa da mulher, que era parteira e ajudava mulheres a terem bebês em casa. O filho nasceu, ela voltou para casa e deixou-o com a mulher. Como ela não voltou para busca-lo, a mulher foi levá-lo.

Todos ficaram espantados. Os pais, que eram muito sistemáticos, no início condenaram-na. Depois se acostumaram com a ideia e acredito que acabaram gostando de ter uma criança em casa. O tempo foi passando e era comum encontrar a Nice e seu menino. Ela colocava-o em sua bicicleta, segurando-a com uma das mãos, e com a outra mão apoiava as costas do bebê, caminhando do lado. O bebê era muito pequeno e não conseguia segurar-se, e era bem fofinho. Uma vez ela me disse que não conseguia carregá-lo nos braços por muito tempo devido ao seu excesso de peso.

Como o tempo não para, chegou o momento de levá-lo à escola. Achava muito bonita a dedicação que ela tinha àquela criança. Levava-o e buscava-o na escola em sua bicicleta. Saía de casa às 12h40, sol queimando a pele, mas isso não era motivo para que ela não o levasse ao colégio; o pai não quis saber nem da criança, nem da mãe.

O período compreendido entre a infância e a adolescência chegou e aquele bebê, que outrora era uma criança fofa, que todos gostavam de apertar as bochechas, estava descobrindo outro mundo e esse novo mundo não era legal. E foi com uma dessas descobertas que ele trouxe uma dor profunda àquela que o colocara nesse planeta que chamamos de Terra.

Aos 16 anos de idade ele cometeu um crime utilizando uma arma branca e o irmão da vítima jurou vingança. Na nova vida que ele escolheu para viver, ele mantinha-se com o dinheiro de entorpecentes, que levam as pessoas à dependência física e/ou psicológica, trazendo consequências ruins às saúdes física, mental, emocional e espiritual. Ingênua, a mãe acreditava que as coisas que ele vinha adquirindo, como roupas de marca, bicicleta de última geração, moto e tênis de ótima qualidade, eram frutos de um trabalho lícito que seu filho estava desenvolvendo juntamente a um amigo.

Uma tarde ele, o rapaz estava na pequena varanda da humilde casa de seus avós, onde morava com sua mãe, conversando com um amigo. Sua mãe passou para deixar o lixo, voltou para dentro e mal tinha entrado na casa escutou tiros. Ela correu para ver o que estava acontecendo e a cena que seus olhos viram foi a pior e a mais triste para uma mãe: seu filho estava caído no chão, em uma poça de seu próprio sangue.

Foram três ou quatro tiros, que fizeram com que seu coração não batesse mais em seu peito.

A mãe chorava e gritava, era uma dor que só estava sentindo. Por mais que imaginemos, não conseguiríamos chegar nem perto dos sentimentos daquela mulher naquele momento. Não só eu, mas toda a vizinhança, ficamos espantados com tamanha barbaridade que cometeram contra aquele menino. Àquela mãe só restaram a dor, a saudade e a infinita tristeza em seu coração, que agora não sentia somente as pulsações cardíacas, pois cada batida era uma agonia em seu corpo.

Hoje ela vive enclausurada, com suas lembranças, tudo o que passou sozinha com o filho: o parto na casa de uma estranha; a volta para casa logo após dar à luz, sem descanso, realizando as atividades domésticas para que seus pais não percebessem nada; o constrangimento quando a parteira foi devolver a criança sem ninguém imaginar que ela havia se tornado mãe; os dias percorridos de sol a sol, levando quem lhe mostrou o verdadeiro significado do vocábulo amor para estudar, construir um bom futuro e mostrar àquele que contribuíra para gerar essa criança que o filho poderia ser uma pessoa bem-sucedida mesmo com a ausência e o desprezo do pai – ele era um policial e fez o juramento de proteger e cuidar das pessoas, mas não quis cuidar e proteger o próprio filho; as noites em que ficou acordada cuidando dele; as vezes em que se assustou com uma traquinagem feita por aquela criança que era tudo o que importava em sua vida, entre outras tantas recordações que ficarão eternamente guardadas na memória e do lado esquerdo do seu peito.

Com o nascimento daquele pequeno ser o mundo de Nice tornou-se bonito, colorido, quente, agitado, sofrido, mas era um sofrimento bom de sentir. Toda essa mistura de sentimentos explodia em seu peito todas as vezes que seus olhos avistavam o filho correndo e chamando-a de mamãe, a palavra mais linda e mais profunda que ela ouviu durante toda sua vida.

Dezessete anos e alguns meses foi o tempo que esse ser humano do gênero feminino sentiu essa intensa felicidade. Após esse período, a sua vida transformou-se em tamanha escuridão que luz nenhuma consegue fazê-la enxergar nem um pequeno ponto de brilho em qualquer coisa que seja. O que ela realmente precisou, precisa e precisará foi e continuará sendo um conforto para sua alma, uma força que rompa as barreiras para transformar todo o amor que ela sentiu por seu filho na energia que ela precisa para continuar sua jornada.

Nesse instante pensei em meu filho. Eu sempre pensava, mas de uma maneira diferente. Imaginei tantas coisas para ele, mas ele estava com o pai, que tinha muitos defeitos, mas amava o filho.

Paguei os sorvetes e fomos embora. Fui devagar, sentido o vento bater no rosto, as mãozinhas da minha filha segurando a minha cintura. Carros e motos, eu via as árvores... Fui contemplando tudo até chegar em casa. Tomei banho, minha menina também, descansei um pouco, fiz um café e fui fazer os planos de aula. Uma calmaria tomou conta do meu lar.

O tempo passou. Minha filha, com 8 anos, amava ir à fazenda da avó paterna, por consideração. Um dia falei que ela iria para fazenda com o pai do meu companheiro. Ela disse que não queria ir. Às vezes eu a mandava na sexta porque sempre ia no sábado cedo. Meu ex-sogro, muito atencioso, passava todos os dias em minha casa, jogava conversa fora e ia embora.

Disse a ela que iria trabalhar e ela me disse que queria ir para o trabalho comigo, então levei-a. Quando voltamos para casa, perguntei por que ela não quis ir para a fazenda, pois sempre gostara disso. Ela só disse que não queria mesmo. Imaginei que como estava crescendo, a fazenda estava ficando sem graça.

A correria da vida, do dia a dia, continuou. E, olha, vou dizer a vocês, ser professora, mãe, dona de casa e esposa não é para qualquer pessoa. É muito difícil. Desdobrava-me em não sei quantas para conseguir ser todas as mulheres que eu precisava ser. E conseguia. Todas as minhas dores, tristezas e decepções eram – e ainda são – guardadas dentro de mim, em alguma parte com muito espaço. Quando nos tornamos mães, nossos pensamentos, nossas escolhas, tudo, literalmente tudo, é pensando neles, os filhos.

Por ter me tornado mãe muito cedo, muitas coisas da minha vida foram deixadas de lado. Às vezes coloco uma música – gosto muito da Whitney Houston – e viajo na trajetória da minha existência. Percebo o quão forte eu fui e sou. Mas antes de continuar vou falar um pouco sobre minha mãe...

No início desta narrativa eu disse que entre todas as aspirações que eu tinha, uma era maior e especial; era, no passado, porque não poderei realizar. Vamos lá!

Maria, minha mãe, era uma mulher negra casada com um branco. Ela sofria *bullying*, que na época dela deveria ter outro nome, por alguns membros da família do meu pai, todos brancos. Quando a nossa casa estava sendo construída, lembro-me de um comentário que uma irmã do meu pai fez: "Essa neguinha não merece essa casa". Mesmo com meus pais casados há muito tempo, com sete filhos, o preconceito e os insultos eram frequentes. Também me lembro da resposta que lhe foi dada: "Guarde seus pensamentos e suas opiniões para você. Minha mulher merece muito mais", disse meu pai. Nunca me esqueci desse dia. Anos depois, meus primos, filhos dessa tia, casaram-se com negros e negras e senti minha mãe vingada!

Bom, eu sempre admirei as lutas e a força da mulher que me colocou no mundo. Olhava para ela e queria, num futuro próximo, ajudá-la em todos os sentidos. Eu estudava e trabalhava com esse intuito. Já a ajudava, mas não da forma como queria. Eu e minhas irmãs comprávamos coisas pessoais, ajudávamos como podíamos.

Como ela costurava, uma vez comprei um tecido com estampas de cores vivas, do jeito que ela gostava, e ela fez um vestido e o usava sempre. No dia em que fui visitá-la no hospital, eu o vi na bolsa simples dela, ao lado da cama, e fiquei triste, pois havia a possibilidade de ela não mais usá-lo, exatamente como aconteceu (lágrimas aqui).

Ela passou por muitas situações em sua curta temporada aqui na Terra (52 anos). Meu pai sempre foi um bom pai, um bom marido, mas fez minha mãe passar por algumas amarguras. Ele trabalhou numa grande empresa que, com o tempo, fechou, e após isso ele e minha mãe tocavam um barzinho para sustentarem a todos. Meu pai envolveu-se com outras mulheres e isso a deixava arrasada, porém ela não deixava transparecer nada. Mas o pior foi quando ela adoeceu.

Aqui no município tínhamos uma belíssima praia, que recebia turistas de todos os cantos do Brasil e de outros países também. A vida dela era essa praia. Eles trabalhavam lá na temporada, mais precisamente durante os meses de julho e agosto e alguns dias do mês de setembro. Devido à construção da usina hidrelétrica, o rio virou lago e as praias naturais foram engolidas pela água. Antes de isso acontecer, minha mãe afirmava que se essa praia morresse, ela morreria junto... A praia acabou em 2001 e minha mãe morreu no ano seguinte.

No dia nove de março do ano de 2002, às 16h, todos os meus planos de amparar, proteger e proporcionar uma vida melhor para a pessoa mais importante para mim foram interrompidos e até hoje meu coração fica atormentado quando essas recordações tomam conta dos meus pensamentos – o sorriso, a alegria, a força, as batalhas diárias que ela enfrentava todos os dias, e mesmo assim nunca a vi chorar ou reclamar. Tornei-me forte igual a ela e tenho orgulho disso. O vestido de estampas coloridas e fortes permaneceu na bolsa e depois foi doado, pois, para minha mãe, não era mais necessário.

Bom, como já disse antes ser professora — cito a profissão "professora", pois estou em uma narrativa de primeira pessoa, mas todas as mães que precisam trabalhar para criarem seus filhos sofrem com a distância e a falta de tempo para acompanhar mais de perto o desenvolvimento deles.

Voltando aos fatos de a minha filha não querer ir à fazenda, não querer ficar em casa, não querer brincar com o padrasto, obtive respostas no dia que fui chamada à escola em que ela estudava. Saí de lá sem chão, sem saber o que fazer, sem saber com quem conversar. Olhei para o céu e pedi para Deus me orientar. Chorei muito dentro do carro, nessa época tinha conseguido comprar um carro o que fiquei muito grata... Fui para casa de uma amiga e desabafei. Ela, assim como eu, ficou perplexa. O que fazer era a parte mais difícil. O ódio, a raiva, a tristeza, a decepção eram tão grandes que parecia que o mundo estava todo sobre as minhas costas e o peso era muito grande e difícil de suportar.

A minha menina, a minha filha tão desejada por mim, tão amada e tão cuidada da melhor maneira possível tendo que passar por uma situação desprezível, nojenta, amoral, suja, e tantos outros adjetivos que não consigo escrever.

Fiquei três dias pensando em o que fazer e como fazer naquela situação. Minha amiga tentava me ajudar me apontando possíveis soluções e teve a ideia de colocarmos, nós duas juntas, meu companheiro e minha filha frente a frente, e eu gravaria toda a conversa para servir de prova. E assim fizemos, mas sem sucesso... Minha filha não disse nada, acredito que pela pressão e pelo medo. E naquele momento não pensamos em o quanto isso poderia fragilizá-la ainda mais, e foi exatamente o que aconteceu.

No dia seguinte à tarde saí com ela. Parei o carro em um estacionamento da orla e nós conversamos, mas ela falou muito pouco... Comecei a planejar um flagrante, porém nesse período algo aconteceu: meu ex-sogro foi diagnosticado com câncer e faleceu dezoito dias depois. Isso esfriou um pouco meus planos, pois tenho um coração que às vezes me faz fracassar, pois penso demais no outro e me esqueço de mim. Nesse momento pensei na minha ex-sogra, no meu companheiro...

O que estava acontecendo dentro da minha casa, na fazenda é isso mesmo que você, que está lendo esta narrativa, pensou: ele, meu ainda então companheiro, estava abusando da minha pequena (lágrimas e mais lágrimas...). Ela não me contou, mas contou para uma colega, para outra e para a coordenadora da escola. Fiquei desolada. E ele, claro, negou.

Muitas coisas aconteceram: revoltas, brigas etc. Como citei, eu queria pegá-lo em flagrante. Conversei com minha filha e pedi que ela aguentasse mais um pouco nossa estadia naquela casa, mas não revelei minhas intenções. Hoje, acredito que isso não foi bom.

Porém como poderia me vingar? Pensei em arrancar seu membro enquanto ele dormia, mas me faltou coragem. Eu estava dormindo com ele, com aquele ser que tinha abusado da minha filha. Poucos entendem, mas eu queria me vingar, e até conseguir tinha que fingir que estava tudo bem, pois queria ganhar a confiança dele.

Certa noite nós bebemos (tive que beber para fazer o que estava querendo). Como não tinha o costume de beber em exagero, no dia seguinte acordei sem saber o que tinha acontecido. A única coisa que sabia é que não havia realizado o que tinha planejado (queria matá-lo). Ainda bem que fracassei, pois pensei em mim sendo presa e minha filha num abrigo... Precisava planejar outra coisa.

Passaram uns dias e do nada comecei a me sentir mal, enjoada. Desconfiei e fiz um exame. Isso mesmo, estava grávida. Grávida! E foi na noite da bebedeira, pois não tínhamos mais nada um com o outro desde que a bomba havia estourado. Mais uma vez estava eu, ali, sem saber o que fazer...

Parei, olhei meu reflexo no espelho e chorei. Não pela vida que estava sendo gerada dentro de mim, mas pela situação, por saber quem era o pai, por não saber como contar para minha filha. Quanto mais eu tentava acertar, mais eu errava. Dentro de mim eu gritava de tanta dor e decepção, por não ter coragem de pegar uma arma qualquer e acabar com a vida daquele ser que estava acabando comigo aos poucos e que tinha acabado com minha filha de uma só vez.

Liguei para a minha amiga (a única que tenho), contei a descoberta, perguntei a ela o que fazer. Conversamos bastante. Então fui para casa e contei a todos. Minha filha olhou-me com um olhar de desesperança, de tristeza, e esse olhar acabou comigo. "Eu vou matá-lo mesmo assim", pensei. Minha ex-sogra comemorou tanto, pessoas próximas, e só Deus e eu sabíamos como eu estava quebrada, derrotada, frágil, entre tantos outros adjetivos que poderia escrever em inúmeras páginas, pois sabia o quanto a minha filha estava sofrendo.

E com a notícia da gravidez veio outra, que acabou com meu mundo profissional. Iniciei muito cedo no mercado de trabalho, como professora, como sempre quis ser e fui. Comecei com contrato, depois surgiram concursos, que prestei e nos quais fui aprovada. Após quase quatro anos de concursada surgiu uma seleção interna para diretor escolar. Inscrevi-me e, mais uma vez, fui aprovada. Logo fui chamada para assumir o cargo em uma escola bem organizada, onde fui bem recebida pela atual diretora e alguns funcionários, porém outros me olharam torto. Uma delas chegou a passar mal de raiva, pois almejava o cargo.

A seleção era para diretor pedagógico, mas me colocaram para assumir o administrativo. Essa moça que passou mal estava certa de que assumiria a vaga e foi muito difícil conviver com a raiva estampada no rosto dela, mas fiquei um tempo nessa escola. Um dia fui chamada pela superiora, diretora da Delegacia Regional de Ensino (DRE), que me pediu para trocar com a diretora administrativa de outra escola, que não se dava bem com o diretor pedagógico, e, como sempre, deixei meu coração decidir e fui.

Nessa nova escola aconteceu a mesma coisa: fui bem recebida por alguns, mas dessa vez por uma pequena porção de pessoas. Havia muitos comentários por eu ser muito jovem e já ocupar um cargo de tanta responsabilidade, entre outros que prefiro não escrever – sim, eu era jovem (ainda sou. Risos) –, por ser dinâmica, cheia de vontade de mudar a educação e a vida dos estudantes e dos funcionários.

Havia muitas coisas fora do lugar naquela unidade. Por exemplo, uma senhora que trabalhava na limpeza mal se aguentava em pé, então a tirei da limpeza e coloquei-a no portão, onde ficaria sentada e não faria tanto esforço; uma professora estava com depressão por ter perdido um filho de mais ou menos 4 anos e estava na sala de aula (uma turma de 4º ano). Transferi-a para a biblioteca, onde ela começou a ler e a trabalhar melhor, e foi superando o trauma aos poucos. E assim fui organizando tudo, o que causou muita raiva em alguns funcionários. Inveja... Esse substantivo abstrato é um veneno para alma. Uma funcionária sentia tanto que não conseguia nem olhar para mim.

Hoje eu consigo perceber algumas maldades nas atitudes das pessoas, mas antes eu achava que todo mundo tinha um coração saudável. É muito triste descobrir a maldade em certas pessoas, ainda mais quando essas pessoas despejam-na sem dó e sem piedade sobre você.

Só sei que se juntaram, fizeram reuniões e reuniões sem que eu soubesse, claro, e certo dia fui notificada de que haveria uma inspeção escolar. Eu estava no hospital com minha filha para uma consulta. Meu auxiliar foi até mim e pegou as chaves da minha sala. Depois da tal inspeção me acusaram de inúmeras coisas e eu fui afastada do cargo. Fui transferida para outra escola e logo a notícia espalhou-se pela cidade.

Surgiram muitos comentários, o mais "bonitinho" era de que eu era "embusteira". Professores, diretores, coordenadores, ninguém hesitava em abrir a boca e tecer críticas da forma que bem entendesse. Não pensaram em mim, em minha família, em como eu me sentiria (eu penso nisso antes de falar qualquer coisa, principalmente se for algo de que não sei ou não tenho certeza). Fiquei quieta, trabalhando num setor da escola para a qual fui transferida. Não tinha muito que fazer naquela sala, isolada do resto da escola. Queria ficar sempre sozinha, no escuro e não gostava que as pessoas falassem comigo. Às vezes ia ao banheiro e chorava.

Certo dia, a diretora chamou-me e pediu para que eu ficasse na biblioteca, pois a bibliotecária estava de licença. Aceitei e lá fiquei. Foi um tormento, pois eu tinha que falar com os alunos, acender a luz etc. Foi uma tortura para mim. Quando não tinha ninguém eu deixava as luzes apagadas. Um dia, a moça da limpeza chegou para fazer seu trabalho e perguntou-me se podia acender as luzes. Balancei a cabeça afirmativamente. Quando ela terminou, questionou-me se era para apagá-las. Balancei a cabeça afirmativamente mais uma vez e ela, então, disse-me que não era bom ficar em um lugar tão escuro, pois eu era muito bonita para ficar em um lugar em que ninguém podia me ver. Eu olhei para ela e dei-lhe um pequeno e tímido sorriso de canto da boca. Ela perguntou-me se eu queria conversar, falou que eu podia falar com ela, mas só disse que estava tudo bem e pedi-lhe para apagar as luzes... E ela saiu.

Nessa escola havia uma turma de ensino médio muito animada. Havia dois alunos que se destacavam pelo humor e pela alegria contagiante (eram homossexuais). Um deles olhava-me e elogiava-me, pedia para que eu vivesse, para que eu sorrisse, mas naquele momento era impossível sentir qualquer tanto de felicidade. Infelizmente, o destino desses dois meninos foi muito triste...

Um dia, na escola, um deles pediu minha Biz emprestada, pois eles precisavam resolver algo urgente para uma apresentação pedagógica que haveria na escola. Eu disse que sim e eles ficaram surpresos. Perguntaram-me se eu realmente a emprestaria e afirmei que sim. Na volta, eles caíram e o retrovisor quebrou. Eles voltaram envergonhados e narraram-me o ocorrido. Acalmei-os dizendo que estava tudo bem, afinal, o que era um retrovisor quebrado diante de tantas coisas pelas quais eu estava passando naquela época? Foi nossa última conversa.

Os dois estavam sempre juntos. Em uma cidade próxima acontece um festejo anualmente e lá foram eles. Na volta, um acidente ceifou a vida daqueles dois seres que tanto amavam viver. André e Fernando andavam juntos, estudavam juntos, sorriam juntos, choravam juntos e morreram juntos. Foi triste. Chorei muito por eles. Conhecia-os há pouco tempo, mas foi o suficiente para perceber o quanto eram felizes e apaixonados pela vida.

Dias se passaram e recebi um comunicado de que eu havia sido exonerada. Eu já estava trabalhando como professora em outra escola. Após receber a notícia, apenas fui para casa da minha amiga. Grávida, exonerada, com uma filha traumatizada. Mais uma vez senti o peso do mundo sobre mim, e apesar de ser forte como minha mãe, perdi o brilho dos meus olhos, o sorriso dos meus lábios, o viço da minha pele, a minha vaidade (boa). Demorei muito para encontrá-los novamente. Na verdade, não os recuperei totalmente e acredito que nunca mais serei como antes.

Por muito tempo fiquei procurando uma explicação para tudo isso. Pensava nas pessoas que tinham trabalhado comigo. Elas sabiam que eu não era assim. Lembrava-me da inveja, dos olhares de ódio que lançaram para mim diversas vezes e não entendia o motivo, por que tanta soberba havia me alcançado. Mas para tudo há um para quê e um por que. Ainda não descobri. Se descobrir, escreverei outro livro contando. Sei que lutei e enfrentei a situação toda. Saí de casa com a minha filha bebê, sofri outro tanto com dificuldades que surgiram, porém eu acreditava e acredito no nosso Deus, que faz tudo na hora certa, do jeito certo, então era continuar e acreditar que melhores dias chegariam.

Continuando de onde parei antes de falar sobre esse lado profissional... Iniciamos uma reforma na casa em que morávamos e fomos ficar na minha ex-sogra. Uma noite, meu filho chegou lá, entrou, cumprimentou todos e falou que ia dar uma volta com a irmã. Eu disse que estava tudo bem e eles saíram. Ah! Durante o tempo decorrido entre a gravidez e o nascimento do bebê, as coisas acalmaram-se e a vida parecia estar normal.

Eles começaram a demorar muito. Liguei uma, duas, três vezes e nada. Depois de alguns minutos, meu filho mandou-me uma mensagem falando que estava sabendo dos fatos, pois minha filha havia contado a ele por meio de uma mensagem pelo Facebook. Ele disse que quando foi buscá-la estava com uma faca, pois tinha a intenção de acabar com a vida daquele monstro, e que a tia deles, juntamente a uma prima advogada, já tinham ido à delegacia e feito uma denúncia.

Peguei o carro, a nenê e, sem dizer nada a eles, que assistiam TV na sala, saí. Fui até onde eles estavam e só encontrei meu filho, que estava com muita raiva de mim. Conversamos e contei como estava o andamento das coisas e os meus planos e ele me entendeu. Porém na delegacia já estava tudo certo. Fui chamada e tive que ficar longe dela (medida protetiva) até os fatos serem apurados. A família paterna desses meus dois filhos piorou a situação com acusações sem fundamentos sobre mim. A tia deles foi até o meu trabalho (escola em que trabalho até hoje, que me estendeu a mão quando me vi desempregada e cansada de tantas coisas que estavam acontecendo. Eu havia estudado com uma das proprietárias dessa instituição e ela sabia e conhecia minha capacidade, e me contratou. Sou muito grata a ela por ter me estendido a mão quando me vi sem opções) para pedir que ou me despedissem, porque eu não podia chegar perto da minha filha, que estudava nessa mesma escola, ou transferi-la.

Quando a vi entrar pelo portão senti-me um nada. Uma angústia tomou conta de todo o meu corpo e fiquei sufocada. Fui ao banheiro e pedi a Deus para me acalmar. Eles conversaram e no outro dia não vi minha filha chegar à escola. Novamente, fui ao banheiro e chorei. Depois fui dar as minhas aulas. E quão difícil foi entrar de sala em sala, ministrar as aulas, sorrir para os alunos, escutá-los, tirar dúvidas, explicar, corrigir.

Quando finalmente chegou a última preleção, que era justamente na turma da minha filha, uma aluna percebeu que eu não estava nada bem, percebeu meus olhos vermelhos, meu cabelo desarrumado, minha face sem nenhuma maquiagem.

Ela veio até mim e perguntou-me se eu queria conversar. Ela uma garota sensacional, muito consciente e preocupada com o outro. Não resisti e afirmei com a cabeça que sim, pois as palavras não saíam da minha boca. Estavam engasgadas com o choro retido a um custo muito doído.

Fomos até o meu carro e foi só bater a porta que desabei. Todo o choro preso na minha garganta veio como um furacão enlouquecido. Ela me abraçou e começou a me consolar com palavras maravilhosas, e cada palavra dita por ela me fazia chorar mais e mais. Mas foi muito bom conversar com uma pessoa sábia naquele momento. Uma aluna me consolando... Senti-me bem depois de ouvi-la, mas o coração continuava em mil pedaços e a alma quebrada, sem reação nenhuma...

A cidade inteira só falava nisso, apontavam-me, apontavam meus filhos. E o engraçado – ou não – é que ele, o culpado, foi visto como inocente, como vítima de uma mentira... Juntei minhas roupas, meus livros e fui para um casebre. Nem luz tinha. Passei a noite lá. Depois fui organizando tudo e meu filho foi morar comigo.

Marcaram a primeira, a segunda e a terceira audiência, e nesta última a medida protetiva foi retirada. Contudo a minha filha disse ao juiz com todas as letras e todos os acentos que não ia morar comigo e, sim, com o pai. Nesse momento eu quis muito ser surda, pois não queria ouvir isso. Sabendo de toda a minha luta para criá-la sem a ajuda e a presença daquele pai, que não dava a mínima para ela, que nunca havia procurado por ela, ouvir isso foi muito difícil, foi como sentir uma flecha atravessar o meu peito lentamente. Ela optou por ele, sendo que a vida dele era apenas encher a minha paciência e a única vez em que ajudou com alimentos foi com segundas intenções.

Saí desesperada daquela sala. Meu filho veio atrás de mim. A imagem dele saindo atrás de mim depois daquela audiência ficou gravada, pois me senti muito acolhida por ele. Ele tentou me consolar, o que foi inútil.

Meses se passaram e as coisas foram se ajeitando. Minha filha voltou a morar comigo e me explicou o motivo de ter pedido para morar com o pai: "Tinha medo de que eu voltasse para aquele que tanto mal nos fez". E ele foi julgado e condenado a dezesseis anos, nove meses e dezoito dias de prisão, mas está livre, leve e solto...

Minha filha nunca mais foi a mesma e acredito que nunca será. Estudou, formou-se, hoje é uma enfermeira que tem ansiedade, entre outros problemas provocados por esse episódio tão triste. Eu procurava coragem para ler o processo, os depoimentos dela, mas não conseguia. Até que um dia essa coragem veio repentinamente e foi um dos piores dias da minha vida, pois ao ler cada palavra e saber das atitudes daquele canalha detalhadamente, abriu-se uma ferida dentro de mim que nunca será curada. Eu travo uma batalha dentro de mim todos os dias.

Minha outra filha, fruto da noite reservada à vingança, não tem conhecimento desses fatos "ainda", mas ela vai saber toda essa história quando for a hora certa. Faço questão de contar para que ela saiba o que o pai foi capaz de fazer. Esse fato sempre será presente em nossas vidas. Já me senti culpada, mas sei que não fui. As poucas vezes em que a deixei em casa era devido ao cansaço que a dominava e ela acabava adormecendo.

A nossa rotina era dura: saíamos de casa pela manhã, passávamos o dia no trabalho e à noite íamos para faculdade. O seu frágil corpo às vezes não aguentava (muitas vezes, quando chegávamos do trabalho, ela adormecia às 17h e eu a acordava às 18h50 para irmos para a faculdade, retornando somente às 22h15). E quando eu a deixava em casa com aquele que deveria me ajudar, afinal eu estava trabalhando e estudando, ele aproveitava-se para agir de forma inescrupulosa com uma criança que era considerada uma filha. Bem, caráter e respeito não são para todo mundo.

    Falar sobre isso me dói muito, mas ao mesmo tempo me alivia, é uma forma de desabafo. Até o momento desta escrita eu só havia conversado com Deus. Durante o tempo de idas e vindas ao fórum para as terríveis audiências, conheci um advogado que durante uma conversa contou-me um resumo de sua vida.

    Aos 3 anos, após a morte de seu pai, ele foi deixado pela própria mãe em um abrigo para crianças. Ela nunca quis a gravidez e não fazia questão de esconder isso, e só cuidou dele enquanto o pai estava vivo. Logo apareceu uma família que o adotou. Essa mesma família já havia adotado outras três crianças e todos na cidade os viam como os "salvadores de meninos e meninas desemparados", entretanto nem tudo é o que parece. Chegando ao novo lar foi submetido a trabalhos domésticos juntamente a duas irmãs e a um irmão mais velho (12 para 13 anos). Eles trabalhavam o tempo todo e, pior, eram abusados pelos pais adotivos...

    Certa noite, o mais velho combinou com os outros que fugiria e voltaria com ajuda. Esse advogado pediu para ir junto e saíram os dois de madrugada. Eles conseguiram afastar-se o suficiente da casa, do bairro, daqueles pais nojentos e exploradores. Começaram a viver nas ruas (não tinham a quem recorrer, nem um parente, amigo, conhecido) comiam quando alguém lhes dava comida e foram ficar perto de outros moradores de rua.

Um dia, o mais velho deixou o mais novo sentado e saiu para conseguir comida, pedindo que ele não saísse até que ele voltasse. Uma mulher que ficava no mesmo local chamou-o dizendo que tinha comida para ele e para o irmão. O menino, com o estômago gritando e pedindo por algo que o saciasse, foi comer. Ela foi com ele para o outro lado da cidade e colocou-o para pedir esmolas, fingindo ser avó dele, dizendo que a filha havia morrido no parto.

Passaram-se semanas e os irmãos não se encontraram. O advogado conseguiu fugir das garras daquela senhora, correu, atravessou ruas e quarteirões e escondeu-se em uma igreja. Nela havia um enorme casarão nos fundos, onde ficavam os seminaristas. Ele ficou escondido lá e à noite ia até a cozinha, comia algo e procurava um cantinho para dormir. Porém, certo dia um seminarista encontrou-o, revelou a todos, que o deixaram ficar.

O tempo passou e em uma noite ele sentiu alguém o acariciando. Quando abriu os olhos, a pessoa levou-o para um quarto e abusou dele. Isso passou a acontecer frequentemente, mas ele não via o rosto da pessoa. A situação foi ficando insuportável e ele conseguiu fugir, voltou para as ruas, procurou pelo irmão, mas não o encontrou.

Ele seguiu nessa vida sem esperança, com fome, sujo. Em uma ocasião a fome foi tanta que ele entrou em uma lanchonete e pediu ao dono algo para comer, mas este gritou com ele e pediu que se retirasse. O menino insistiu, dizendo que podia ser os restos que os clientes deixavam nos pratos, mas o proprietário não aceitou e mandou que saísse imediatamente. Ele saiu.

Ao lado dessa lanchonete havia uma mercearia. Ao passar por ela, ele viu uns pacotes de pão de forma expostos e não resistiu. Seu estômago vociferava mais alto naquele momento com a dor da fome, então ele pegou um e saiu correndo. O dono gritou: "Pega ladrão!", e um rapaz segurou-o na saída. A polícia veio e levou-o a uma casa para menores. No primeiro momento ele até gostou, pois achou que teria onde dormir e o que comer, mas assim que chegou foi jogado em uma cela em que havia outros garotos, que já começaram a falar coisas desagradáveis a ele, que ficou quieto.

Na primeira semana ele foi abusado por alguns meninos dessa cela, na segunda por outros de outra cela, e esse terror o perseguiu. Um dia, na saída para banho de sol, aconteceu uma briga no pátio entre uns rivais. Ele ficou quieto, num canto, olhando essa situação, mas a confusão cresceu tanto que todos que estavam ali foram obrigados a lutar para se defender. Ele apanhou muito, foi para a enfermaria, mas seus ferimentos foram graves e ele foi transferido para o hospital, onde ficou em coma por duas semanas, cuidado por uma enfermeira com toda a atenção, pois ela sentiu muita pena dele.

Ao acordar estava confuso, não sabia o que havia acontecido nem onde estava. A enfermeira contou-lhe e perguntou se ele queria que avisasse alguém. O menino balançou a cabeça negativamente, dizendo que não sabia onde a mãe morava, que seu pai já havia falecido, que ele morava na rua e até tinha um irmão por consideração, mas não sabia onde encontrá-lo. Ela ficou emocionada, foi para casa após seu plantão e comentou com sua família (marido e duas filhas) a situação dele.

Ela continuou cuidando dele no hospital até que ele teve alta e voltou para a casa de detenção. Porém ela não se conteve, contratou um advogado, lutou e tirou-o de lá. Depois, convenceu o marido a adotá-lo. Ele já estava de 14 para 15 anos. Deu certo. Então eles levaram-no para casa, colocaram-no para morar numa casa que havia nos fundos, matricularam-no em uma escola e ele, enfim, ele tinha um lar decente.

Ele estudou, terminou o ensino médio e foi para faculdade de Direito, tornando-se um ótimo profissional. Resolveu procurar sua mãe e a encontrou morando sozinha em um quarto, em condições precárias. Ela prostituiu-se enquanto pôde, até a idade ficar mais avançada.

Ele apresentou-se e perguntou se ela o reconhecia, obtendo um não como resposta. Disse, também, que não estava mais na ativa. Então ele disse que era o filho que ela havia abandonado com 3 anos e a resposta dela foi: "Eu não sei o que você veio fazer aqui. Nunca quis você perto de mim, nunca quis ser mãe. Não quero saber de você. Vá embora". Segundo ele, seus olhos encheram-se de lágrimas, ele olhou para ela fixamente por alguns segundos e foi embora. Procurou, então, pelo irmão adotivo, mas não o encontrou, e até o dia em que conversamos, ele ainda não sabia se estava vivo ou morto, se continuava ou não nas ruas.

A história dele comoveu-me e, de alguma forma, trouxe-me conforto. Um exemplo de superação de todas as formas, principalmente quanto à rejeição da mãe (sempre que falava nela seus olhos ficavam cheios de lágrimas). Hoje ele é um excelente profissional, que se dedica a ajudar pessoas que, assim como ele, foram presas por pegarem algo para saciarem a fome ou cometeram outros delitos que nos deixam espantados ao sabermos serem os motivos pelos quais estão presas, enquanto muitos que realmente merecem estar em uma cela estão desfrutando da vida.

Ao ouvir essa história lembrei-me da professora que encontrei na sorveteria, lembram-se? Recordei-me da dedicação dela ao filho, que não se importou com a mãe, com suas preocupações e com seus conselhos. Uns dois anos depois do dia que a vi na sorveteria, esse filho, com 14 anos de idade, foi assassinado. Antes de sua morte ele havia cometido um crime que chocou toda a cidade. Com apenas 13 anos, tirou a vida de um senhor que trabalhava nas ruas vendendo espetinho para sustentar a família.

Esse menino parou esse homem idoso e trabalhador, que lutava pelo pão de todos os dias, e depois de comer arrumou confusão e golpeou-o com uma faca várias vezes. A sociedade ficou revoltada e o garoto sumiu. Com o tempo a história esfriou, outras coisas aconteceram e ela caiu de vez no esquecimento. No ano seguinte ele reapareceu e, com ele, inúmeros conflitos.

Certa noite, ele estava em um bar e envolveu-se em uma briga, e mais uma vez atacou a vítima com uma "arma branca", uma faca. O rapaz atacado defendeu-se e os dois entraram em luta corporal. Quando ele percebeu que não conseguiria vencer, correu, mas o outro foi atrás dele, alcançando-o depois de alguns minutos. A luta recomeçou e dessa vez quem sentiu os golpes foi o garoto. Aquele garoto, que imaginou que seria o chefe dos "malandros", que seria temido por todos, estava ali, no meio da rua, ensanguentado, perdendo o que tinha de mais valor, a sua vida.

As pessoas começaram a chegar e um círculo formou-se em torno dele. O autor dos golpes saiu do local sem que ninguém percebesse. A polícia chegou e alguém foi avisar a mãe, que estava no trabalho. Ela recebeu a notícia e entrou em pânico. Desesperada, foi até o local e, infelizmente, sim, seu filho estava lá, retesado, no chão, com buracos pelo corpo todo, que ainda sangravam. Ela deitou-se sobre o corpo já sem vida e chorou, um choro tão doído que todos que ali estavam choraram junto com ela. Nunca mais a vi. Soube que estava morando com a filha que, diferentemente do irmão, tinha uma vida tranquila, casara-se, tinha dois filhos e cuidava da mãe.

Não posso deixar de escrever sobre alguns fatos marcantes que aconteceram. Alguns deixaram feridas que ainda hoje doem; outros deixaram lembranças que me fazem suspirar e outros, ainda, que não entendo o motivo de terem acontecido. Bom, começarei pelas feridas...

Voltando ao primeiro meu "esposo", de que falei no início desta narração, ele era possessivo, ciumento e agressivo, e muitas coisas que ele fez afetaram meu psicológico por um bom tempo. Foi difícil livrar-me das dores espirituais que se cravaram na minha alma e ainda não estou completamente livre delas.

Quando minha mãe faleceu, além do episódio que aconteceu no dia da missa de sétimo dia que contei anteriormente, quando estava mais ou menos no décimo segundo ou décimo terceiro dia, eu estava em casa, umas 19h, e ele chegou com a conversa de que a mãe dele queria me ver, conversar comigo, pois ela não tinha comparecido ao velório porque não gostava de velórios.

Eu a respeitava muito e disse que iria a casa dela. Ele insistiu para que fosse com ele, no carro dele, e eu disse que não, pois era pertinho e eu iria caminhando mesmo. Entrei em casa, meu filho e minha filha estavam quietos, vendo TV. Expliquei a eles que sairia rapidinho e pedi à minha irmã, que estava lá, para ficar de olho nos dois.

Andei uns cinco minutos e quem apareceu? Ele mesmo. Ele pulou na minha frente, segurou meu braço, colocou-me dentro do carro e saiu disparado. A história de que a mãe queria ver-me era mentira! Fiquei em pânico. Eu tinha pavor de estar perto dele. Era um pavor cujo grau não sei nem definir.

Eu consegui me acalmar e perguntei onde estávamos indo com uma tranquilidade que consegui não sei onde... Não, sei sim... Deus orientou-me naquele momento. Nervoso, ele respondeu que iríamos ter uma última conversa e foi rumo a uma ponte. Após atravessá-la, seguiu à direita de uma estrada de terra (hoje essa estrada está coberta por água do lago). Fiquei pensando em o que fazer, o que dizer. De repente, ele parou em um lugar silencioso, repleto de árvores. O único barulho que eu ouvia era o de grilos, sapos e outros sons que não sei quais animais eram.

Saí do carro preparada para morrer, apanhar ou sei lá o que ele pretendia fazer. Ele começou a falar coisas sem nexo, a ameaçar-me, e eu calada... Então ele pegou uma faca, segurou meu cabelo, que estava preso em um rabo de cavalo, colocou a faca sobre o elástico e perguntou se eu queria ficar sem cabelo, porque ele iria cortá-lo caso eu não dissesse o que ele queria ouvir (que voltaria com ele). Meu silêncio irritou-o, mas eu não conseguia falar nada. Só pedia para Deus tirar-me dessa situação.

Então ele tirou a faca do meu cabelo, abriu o porta-malas do carro e mostrou-me algo explosivo. Meu pânico aumentou 500%, mas me contive. Nisso, disse a ele para ir em frente e perguntei o que ele falaria para os filhos, qual explicação daria por tirar a vida da mãe deles. Ele olhou-me fixamente por alguns segundos e deu um soco na lateral do carro. Assustei-me, mas não demonstrei. Contive as lágrimas que insistiam em querer sair. Respirei fundo e olhei ao redor, mas só havia um pouco de luz da Lua. O resto era total escuridão.

Eu sabia que o rio estava ali perto. Pensei em correr e jogar-me nele. Ele aproximou-se com a faca na mão. Eu comecei a orar em pensamento e mantive-me com a aparência firme e sem demonstrar medo. Escutei um barulho de carro e comecei a falar com ele em um tom de voz mais elevado, mas suave, para que ele não ficasse mais nervoso do que estava. Falei coisas boas e fui aumentado o tom de voz, mas o barulho de carro sumiu. Fiquei arrasada, pois achei que era a oportunidade de sair daquela terrível situação.

Alguns minutos se passaram e dois homens, que estavam caçando, encontraram-nos e perguntaram o que estava acontecendo. Antes que eu abrisse a boca, ele disse que não era nada, que éramos casados e que estava tudo bem. Olhei para um deles e ele percebeu o horror em minha face. Como ambos estavam armados, não me contive e disse que não éramos mais casados e que ele estava me chantageando e me ameaçando de morte (com a aproximação dos homens ele havia jogado a faca fora). Um deles apontou a arma e pediu para que ele se afastasse de mim. Meu ex-marido até tentou dizer algo, mas eles não deixaram e me tiraram daquele lugar.

Eu chorei tanto, mas tanto, que eles ficaram com medo de que algo acontecesse comigo. Deram-me água, eu consegui me acalmar e contei a história resumidamente. Perguntaram-me se eu queria ir para a delegacia e eu disse que não, que queria ir para casa. Pensei nas crianças. Eles disseram que eu não podia deixar de ir à delegacia. Prometi que iria mais tarde, então eles me deixaram em casa. Agradeci muito, mas mal encontrei palavras para demonstrar toda a minha gratidão àqueles que o Senhor enviou para me socorrer. Sim, foi Deus, Ele ouviu minhas orações.

Ao entrar em casa olhei para os meus filhos, que dormiam, e não me contive. O choro veio. Chorei e chorei. Fui pegar uma água e lavar o rosto. Retornei para o quarto e quando soltei o cabelo um monte dele caiu. Ele havia pressionado a faca com tanta força no meu cabelo que o cortara.

Meu desespero voltou. Olhei meu cabelo no espelho e percebi umas partes menores e outras maiores. Meu cabelo era – e ainda é – uma estima especial. Uma mistura de tristeza e ódio tomou conta de mim. Não dormi. Assim que amanheceu fui ao salão e pedi para a cabeleireira fazer um corte que não tirasse muito no tamanho (acho lindo cabelo longo e o meu era). Ficou bom!

Acreditem... Não fui à delegacia, não falei para o meu pai por vergonha e medo da próxima atitude dele, mas até hoje me lembro desse episódio horripilante e fico triste. E do nada essa triste lembrança aparece nos meus pensamentos. Essa ferida nunca fechou totalmente... Sabe, existiram outros fatos, mas esse foi o pior de todos e não podia deixar de narrá-lo, pois é uma forma de desabafo e alívio para mim.

Mantive contato com os homens que me salvaram por um bom tempo, até eu perder o número deles após o roubo do meu celular. Um deles faleceu (antes de meu celular ser subtraído) e o outro eu não sei. Só sei que enquanto eu respirar serei grata a Deus por tê-los enviados até mim naquela noite sombria e que imaginei que seria o fim de tudo.

Um momento feliz, único, que mora dentro de mim foi a minha formatura do ensino médio. Não por causa da formatura em si, não ligava para a festa. Na verdade, eu nem ia participar por questões financeiras. Minha mãe me disse que talvez não conseguisse pagar e eu disse a ela que estava tudo bem, que eu não fazia questão de ir, que o que eu queria e precisava era concluir o ensino médio para seguir para a faculdade.

Já próximo à comemoração da formatura, meus pais disseram que iríamos e minha mãe comprou um vestido para mim e outro para ela. Sentamos, ouvimos as homenagens, e eu recebi uma em especial por ter sido sempre aluna que mais se destacara. Fiquei feliz e minha mãe emocionada.

Começou a festa, todos começaram a dançar, a comer, a beber e nós ali, sentados. Eu gostava muito de dançar (ainda gosto) e minha mãe também. Ela levantou-se e disse que não íamos ficar sentados a noite toda, que era para comemorarmos a minha formatura, afinal era única, e começou a dançar. Levantei-me e fomos para o salão nos juntarmos aos outros, e foi divertido, muito divertido. Dançamos, cantamos, sorrimos. Minha mãe era pura diversão e foi tão bom, tão especial! E foi a última vez que dançamos juntas, que cantamos juntas, que sorrimos juntas, pois algum tempo depois eu me mudei, ela adoeceu e faleceu.

Até hoje eu tenho o vestido que usei na formatura. Sei que ela fez um grande sacrifício para que fôssemos, para comprar aquele vestido para mim e o dela também. Esse vestido tem um valor inenarrável e me acompanhará sempre. Às vezes eu o pego e é como se aquele dia estivesse acontecendo naquele momento...

Meu irmão mais velho tinha um ciúme exorbitante de mim e de minhas duas irmãs. Um primo foi morar na nossa casa. Ele era muito engraçado, paciente, honesto, de estatura mediana, cabelos pretos sempre bem penteados e tinha um defeito enorme: apaixonava-se pelas primas, e eu não escapei desse entusiasmo dele.

Ele sempre nos levava (eu e minha irmã do meio) à sorveteria à tardezinha. Quando meu irmão chegava do trabalho e não nos encontrava em casa ele ficava louco. Então perguntava para minha mãe onde estávamos e quando ela dizia que estávamos na sorveteria com o primo ele ia nos buscar imediatamente.

Certo dia, esse primo declarou-se a mim e eu, educadamente, disse que não rolaria, pois éramos primos e ele, para mim, era como um irmão. Antes de se declarar ele havia conversado com minha mãe, pedindo permissão para namorarmos. Quando eu soube fiquei muito brava com ele e perguntei se ele achava que estávamos nos tempos dos nossos avós. Passou um tempo e ele quis namorar a minha irmã do meio, que também o dispensou. Finalmente, ele casou-se com outra prima, filha do irmão da minha mãe e também irmão da mãe dele – eita! Confuso isso... Acho que deu para entender (risos...). Eles são casados até hoje. Não sei como é a vida deles, mas acredito que se deem bem, pois são muitos anos juntos.

Bom, voltando ao meu irmão mais velho, além do ciúme exagerado que ele tinha das irmãs, ele era um rapaz jovem, muito bonito, e muitas garotas viviam em volta dele. Ele trabalhava para se manter e em meio às paqueras (que eram muitas), conheceu uma garota que o fez sentir aquele frio na barriga, que o fez parar com a vida boêmia e trocar todas as garotas por uma só.

O namoro ficou sério, virou compromisso com planos para casamento, porém ela teve que se mudar para Brasília devido ao trabalho do pai. Foi triste, eles choraram, e decidiram que o compromisso manter-se-ia. Chegou o dia da partida. Ele continuou no trabalho e sempre que dava ia visitá-la e às vezes ela vinha para cá.

Um dia, chegou um convite de casamento de um amigo de meus pais. Fomos todos. Lá meu irmão fraquejou e ficou com uma moça. Depois saiu com ela mais uma vez, e outra, e depois colocou um ponto final. Certa vez, encontrei com ela na rua e ela me chamou de cunhada. Fiquei sem entender, pois não sabia do ocorrido. Também não comentei nada, afinal eu tinha mais três irmãos. Um era bem pequeno, então podia ser qualquer um dos maiores.

Passaram-se algumas semanas e certo dia cheguei da escola e estava essa moça e um senhor, ambos conversando com meus pais. Passei, cumprimentei-os e fui para o meu quarto. Alguns minutos depois meu irmão chegou e não pude deixar de ouvir o diálogo entre eles, pois meu quarto ficava ao lado da sala. Fiquei chocada ao ouvir que ela estava grávida.

Meu irmão enlouqueceu e o pai da moça exigiu que ele a assumisse, assim como ao filho, e meu pai ficou sem reação. Conversaram por mais um tempo e foram embora. Meu irmão ficou arrasado e disse ao meu pai que ia embora, que não se casaria sem amor, mas que assumiria o filho. Porém meu pai era dos tempos antigos e aconselhou-o a casar-se para honrar a moça.

A namorada dele estava com data marcada para chegar. Ela chegou pela manhã e a conversa dela com meu irmão foi no horário do almoço dele. Eles entraram no quarto e permaneceram horas lá. Estávamos curiosos para saber o resultado e foi o que eu imaginei que seria: acabou tudo entre eles. Ela chorou de um lado e ele do outro, abraçaram-se por alguns longos minutos, os pais dela buscaram-na, e na partida os dois despediram-se com muita amargura, mas civilizadamente.

Após esse dia meu mano não sorria mais, não se arrumava, chegava em casa mal tomava banho e ficava no quarto. Um amigo convidou-o para uma viagem a São Paulo. Ele aceitou e foi. Passou uma semana lá. Quando ele chegou a moça estava muito brava e foi tirar satisfação, e ele respondeu que ia cumprir a responsabilidade para com ela.

Após uns meses chegou o dia do casamento. Foi tudo tranquilo, mas não me recordo de ver meu irmão sorrir no dia do próprio casamento. Tenho certeza de que ele pensou na ex o tempo todo. Ele a amava.

Um tempo depois a criança veio ao mundo. Era um menino lindo, parecia muito com o meu irmão, que vivia cabisbaixo, sem vaidade. Antes ele gostava muito de se arrumar, de roupas modernas, e não era mais assim. Então veio outro filho e meu irmão estava ainda mais diferente. Não sei bem o que era, mas ele não era mais o mesmo. Havia perdido o emprego e vivia de "bicos", jogava em cassinos clandestinos e era visível sua inconformidade com a vida dele.

Um dia ele saiu de casa para ir à luta, como sempre fazia. Na hora do almoço ele não apareceu, no jantar também não. A mulher dele ligou e ele não atendeu. Veio a noite, a madrugada, um novo dia, e nada de ele chegar. Passou um dia, uma semana, um mês e ele simplesmente havia evaporado. Todos nós apreensivos, preocupados, sem notícias, até que ele resolveu falar. Ele tinha ido embora sem um motivo específico e nunca mais voltou. Nunca mesmo. Aconteceu algo que contarei adiante e ele não apareceu. Falávamos por mensagens e muito raramente por ligação, contudo ele estava bem, apesar de estar longe dos filhos, que, por sinal, sentiam muito a ausência do pai. O rostinho angelical do mais novo mostra a falta que o pai fez e faz a ele.

Compreendo meu irmão, sei o quanto é ruim estar com alguém que não queremos e que não aceita isso (ela não aceitava), mas não consigo entender a relação que ele cortou com os filhos, pois não os visitou mais e ficou muito tempo sem falar com eles. Acredito que isso afetou muito o psicológico das crianças. Hoje ele se comunica mais, está casado e aparentemente feliz. Espero que meu irmão obtenha o perdão de seus filhos e que possam estar novamente juntos um dia.

Vou retomar o assunto do meu filho, o motivo de ele ter ido morar com o pai e outras coisas. Como disse anteriormente, vocês estão cientes dos apuros que passei em todos os sentidos em relação aos meus filhos. Vou falar uma coisa: não é fácil. Aliás, não existem palavras que definam toda devoção que uma mãe tem por aquele(s) que nela foram gerados(as).

Minha mãe sempre me falava que eu entenderia o significado de amor além do infinito quando eu me tornasse mãe, e ela tinha toda razão. Quando meu filho, com 5 anos, presenciou a cena violenta do pai comigo eu me senti um lixo por ter permitido ele passar por isso, pois sei que não foi bom. Depois que saí de casa definitivamente, um dia estava pensando nisso e nem sei qual foi o sentimento que senti. Chorei. Olhei para meu primogênito e não sei por que senti paz e lembrei-me de um fato.

Quando ele tinha 2 aninhos eu trabalhava em uma empresa de médio porte no ramo da construção civil. Por causa disso mudamo-nos para Alvorada/TO. Eu tinha quase 17 anos, era casada e tinha um filho. Lembro-me de que chegar à urbe foi legal, muitas pessoas admiravam o fato de eu ser mãe tão nova, de trabalhar tão jovem. Enfim, foi algo bom...

Eu trabalhava no escritório. Em uma ocasião, meu chefe pediu-me para as compras da cantina. O almoço era servido em uma cantina improvisada no meio do "mato", bem onde o pessoal trabalhava, que era afastado da cidade (deu para entender, né?). Então pedi para a moça que trabalhava com a gente na organização da casa que cuidasse do meu filho enquanto eu ia ao supermercado, que era quase ao lado de casa. Eles ficaram assistindo TV.

A dona da casa que alugávamos morava ao lado e quando eu estava saindo ela ofereceu-me um amendoim torrado, peguei um pouco, dei para o meu pequeno e saí. Ao acabar, ele disse para a moça que queria mais e então foi na casa ao lado para pegar. Nesse curto intervalo de tempo, meu filho saiu de casa e simplesmente sumiu.

Ela voltou com o amendoim e não o encontrou na sala. Procurou nos outros cômodos da casa e nada. Olhou no quintal e perguntou para a vizinha, que também não o vira. Ela foi até o supermercado, pois pensou que ele pudesse ter ido atrás de mim, mas também não estava lá. Ao vê-la, perguntei logo por ele e ela me disse que não sabia onde ele estava. "Como assim?", perguntei a ela, já com certo desespero. Ela relatou o acontecido, então larguei as compras e fomos procurá-lo.

    Liguei para o pai, que estava no trabalho, afastado da cidade, e nunca o tinha visto com medo de alguma coisa como vi aquele dia. Começou uma procura incessante. Mobilizamos toda a cidade. Liguei para meus pais desesperada, eles tentaram me acalmar, mas não adiantou. A polícia fechou todas as saídas e entradas da cidade, revistou carros, ônibus e até motos, e nada.

    Na cidade havia um rapaz muito esperto, que sabia de tudo – ou quase tudo. Ele juntou motoqueiros, ciclistas, carros, pedestres e começou a procurar. Eu não sabia o que fazer, não sentia as minhas pernas. Sentei-me na calçada de casa e simplesmente não conseguia levantar. A dona da casa e a moça estavam comigo, tentando me consolar. Ele estava desaparecido desde as 14h30, mais ou menos, e já eram quase 17h30. Colocamos na rádio local e nenhuma notícia.

    Em frente à casa em que morávamos havia um campo de futebol grande. Não tinha grama, era só terra e as traves do gol. Do outro lado desse campo tinha um setor. Vocês acreditam que meu filho, em fração de segundos, atravessou o campo e foi parar nesse setor? Ele, com apenas 2 anos, sabia que estava perdido, que algo não estava certo? Como nesse setor muitas crianças brincavam nas ruas, ele misturou-se a elas, porém elas começaram a ir para suas casas e ele foi ficando sozinho, e começou a chorar.

    Uma mocinha encontrou-o chorando e perguntou qual era o nome dele, mas como ele ainda não falava direito, ela não conseguiu entender. Então ela viu o alvoroço das pessoas atrás de uma criança, que vestia uma roupa com estampa de Exército. Ela percebeu que se tratava do meu filho e levou-o até a rádio local. O locutor anunciou que ele estava lá, chorando muito. A notícia chegou a todos os que estavam procurando e o pai foi até lá e constatou que, felizmente, era ele mesmo. Respiramos aliviados.

Quando o vi não sabia o que fazer. Não sabia se o abraçava, se lhe dava uns tapas ou se chorava. Adivinhem? Chorei e abracei-o. Isso já eram quase 19h. Nunca passei um desespero maior do que esse durante toda minha existência. Isso foi no início, não imaginava que minha vida ia ser tão agitada como até agora foi e que um dia eu ia me separar do meu pequeno.

Eu estava sempre preocupada com esse meu amado filho em relação às suas "aprontações". Nem sei se essa palavra existe... Enfim, várias vezes tive que sair do trabalho para buscá-lo na rua, que saía andando de bicicleta por aí. Minhas colegas viam, avisavam-me e lá ia eu buscá-lo e levá-lo para casa. As babás que eu colocava para cuidar dele, somente dele, iam trabalhar pela manhã e quando eu chegava em casa para o almoço elas pediam conta, alegando que não conseguiam cuidar de uma criança tão agitada como ele. Isso aconteceu várias vezes. O menino era abençoado!

A última que ele fez foi querer pular de uma ponte dentro do rio. Fiquei louca, e quando cheguei para pegá-lo, ele estava pronto para pular. Eu gritei de longe, e quando ele me viu desceu e já foi tentando se explicar. Não o deixei nem abrir a boca. Dei-lhe uns tapas, uns "cascudos", coloquei-o na garupa da moto e fomos para casa. A partir desse dia levava-o para a escola pela manhã e à tarde. A grande vantagem é que ele me obedecia.

Mas esses não foram os motivos pelos quais ele foi morar com o pai. Ele foi, primeiro, porque eu não tinha nenhum tipo de ajuda por parte do pai. Nenhuma mesmo. E eu me preocupava com a formação dele, afinal ele não seria criança a vida toda. O pai tinha muitos defeitos, mas em relação a esse filho, ele era – e é – doente de amor.

Quando ele estava com 6 anos mudou-se para uma pequena cidade com o pai, que disse que ia reconstruir a vida. Foi muito difícil esse distanciamento. Doeu bastante. Muitas coisas aconteceram, tanto boas quanto ruins. O pai casou-se, a madrasta não gostava do meu filho, não cuidava dele como deveria. O pai viajava e eles ficavam sozinhos, e só Deus sabe o que acontecia. Meu filho era arteiro, mas era uma criança.

Depois de um tempo, eles retornaram e pude acompanhar de perto a vida do meu pequeno, que crescia rapidamente. Hoje ele é um rapaz lindo que luta pelo que quer.

Algumas mágoas e ressentimentos foram alimentados por ele em relação a mim e ao período em que fui casada com o pai da minha caçula, o da história do abuso (vou contar mais adiante o resultado da condenação), mas ele, meu filho, sabe que muitas vezes fazemos coisas que não conseguimos explicar e devido à situação em que nos encontramos em determinados momentos.

Tudo o que sei é que sinto muito amor por ele e muita vontade de fazer tudo que posso e não posso para vê-lo sempre bem. Não consigo colocar em palavras todos os sentimentos que eu tenho em relação ao meu filho e filhas, e o que mais desejo é que eles sejam sempre felizes e realizados.

Meu filho tem um coração igual ao meu, mas tem uma personalidade forte, é explosivo. Só que ele tem consciência de que essas não são atitudes boas e se policia sempre para evitá-las. Ele melhorou bastante quando começou a ler a Bíblia. Isso mesmo, ele lê e fala muito bem sobre os ensinamentos dela.

Ele é um rapaz de aparência física muito agradável, muito mesmo, e merecia brilhar em alguma passarela do mundo. Até surgiram algumas oportunidades, mas os impedimentos venceram, infelizmente. Aos 13 anos coloquei-o numa escola de futebol em Itaguajé - PR. Quando ele foi parecia que o mundo tinha acabado, pois meu pequeno estava quilômetros distante de mim. Mas essa dor da separação era por um bom motivo, para um futuro promissor.

Nas férias de julho o treinador trazia todas as crianças e ele veio. Na volta eu fui levá-lo. Eram três dias de ônibus. Chegamos à noite em Presidente Prudente. A rodoviária dava medo, tinha umas pessoas estranhas. Uma mulher grávida parou-nos pedindo ajuda, dizendo ser portadora do vírus HIV e que estava prestes a dar à luz!

Tinha que subir umas escadas para verificar qual o horário do ônibus para o nosso destino. Subi três degraus e avistei um quarteto de rapazes com olhares estranhos e amedrontadores. Voltei e disse que iríamos procurar um lugar pertinho da rodoviária para dormimos e na manhã seguiríamos.

Olhei para rua e senti medo de prosseguir. Então avistamos uma pequena multidão de pessoas gritando e fomos ver o que estava acontecendo. Era o cantor Luan Santana, em uma janela do sexto andar de um prédio, acenando para aquelas pessoas, que estavam eufóricas. Sabe, nunca me importei com pessoas famosas. O único que queria conhecer e conversar é o cantor Leonardo, um artista simples, humilde e muito engraçado. Não sei por que sinto um carinho especial por ele, como pessoa, pelo ser humano simples que ele é.

Bom, resolvemos não andar pelas ruas, porque além de perigoso não conhecíamos a cidade. Para todos os lados que olhávamos víamos pessoas agrupadas fumando, bebendo e olhando para nós. Resolvi ligar para o rapaz do clube, pois estávamos bem perto. Ele atendeu e disse que ia nos buscar. Que alívio!

O clube era bem organizado e havia muitas crianças lá. Vi uma que tinha apenas 5 anos de idade. Imaginei o quanto a mãe era corajosa e o quanto ela devia estar sofrendo com a distância de seu filho tão novo. As mães pensam e querem um futuro melhor para seus filhos sempre. E lá ficou o meu também.

Depois de um tempo ele fez vários testes em times profissionais, passou, mas não sei por que ele não era liberado pelo clube para ir. Mais tarde, eu e outras mães descobrimos que o treinador – e também proprietário do clube – segurava as crianças por querer uma oferta bem maior da ofertada na "compra" do jogador.

Certa vez, um rapaz chamou-o para um teste em um clube em Goiânia (se não me falha a memória, o Vila Nova). O pai levou-o para o teste, ele foi aprovado e precisava ficar lá uns três dias até um jogo. Alegando não ter onde ficar, o pai veio embora com meu filho. Fiquei muito brava. "Eu teria ficado nem que fosse na rua", disse a ele, com muita raiva pela falta de interesse e de boa vontade daquele que só estragava tudo que eu tentava fazer, mesmo depois de tantos anos.

Passado mais um tempo, ele fez outro teste, no Bahia, e também foi aprovado. Dessa vez eu disse a ele que ele ia ficar, que ia jogar e ser um grande jogador. No treino, ele machucou o joelho, resultado de uma entrada brusca. Era caso cirúrgico. Fiquei muito triste. Ele fez a cirurgia e não pôde jogar por dois anos. Resultado: era o fim da carreira de jogador. Foi uma pena! Uma pena mesmo!

Agora vou falar duas coisas estranhas sobre mim que nem mesmo eu sei explicar. Eu me recordo de muitas coisas da minha infância, do tempo de escola, e os fatos que eu narrei foram os que mais marcaram a minha vida e não foi por acaso terem sido tão marcantes.

Eu fui uma criança sonhadora e hoje sou uma adulta sonhadora. No início desta narrativa eu falei para vocês que eu venho de uma família humilde, pais trabalhadores, sofredores, que lutaram muito para conseguir criar os filhos. Falei também que eu tinha uma aspiração, um sonho, que não consegui realizar totalmente, que era cuidar da minha mãe, o que não foi possível, pois Deus levou-a muito cedo.

Minha infância foi parecida com a de muitas crianças: uma casa cheia de irmãos, pais trabalhadores e cuidadores dos filhos. Íamos para a escola, retornávamos e almoçávamos. Éramos sete e mais dois que meu pai criou. A maioria estudava pela manhã e à tarde estávamos todos em casa, dando trabalho, acredito eu, né?

Eu gostava muito de ficar no quarto, lendo e respondendo atividades. Quando elas terminavam, eu mesma criava algumas. Não brincava muito, meu negócio era ler e estudar, e acredito que isso foi muito bom. Gostava de ficar sozinha, mas também gostava da companhia dos meus irmãos. Meus pais saíam cedo para trabalhar e ficávamos com uma "irmã" mais velha, que, na verdade, era uma prima que foi criada pelos meus pais e veio morar conosco antes mesmo do meu nascimento. Ela tem uma história bastante curiosa.

Ela veio morar conosco desde pequena, como eu disse. Quando eu tinha uns 12 anos de idade, eu me recordo de ela namorar um rapaz muito bonito. Ela tinha quase 27 anos e era virgem. Eles planejavam ficar noivos e casarem-se em seguida.

Do lado da casa da minha mãe morava uma tia, irmã da minha mãe. Uma prima, filha dessa tia, era mais "avançada" para aquela época, digamos assim. Alguns homens, que trabalhavam em uma empresa, alugaram uma casa perto da nossa casa e essa minha prima começou a namorar um dos rapazes. O namorado da minha irmã sempre viajava a trabalho, ficando fora por algum tempo e vindo em alguns finais de semana.

Essa prima convenceu a minha irmã a ir a uma festa na casa dos rapazes. Ela nunca havia bebido, não saía e respeitava o namoro, assim como respeitava minha casa e meus pais, mas nesse dia ela foi e pela primeira vez ela bebeu. Como não tinha esse costume, a bebida lhe fez muito mal e ela acabou dormindo com um dos moços. No dia seguinte, quando ela acordou e percebeu que não estava em casa, não estava em sua cama e, pior, estava em outra casa, em outra cama, com um cara que ela conhecera na noite anterior, o desespero ficou estampado em seu rosto. O noivo dela não viria naquele final de semana, mas ela sabia que estava perdida, afinal, como explicaria essa história?

Alguns dias depois, o noivo dela chegou. Foi uma conversa difícil, uma notícia que ele não esperava nunca. Com certeza, ele jamais tinha ficado tão surpreso, tanto que ficou sem palavras no momento em que ela começou a falar. Ele apenas chorou. Depois de conversarem por longas horas, ele foi embora chorando e ela ficou arrasada. Ele sumiu, não tivemos mais notícias dele, não soubemos mais do seu paradeiro. E minha irmã ficou em casa, triste, abatida e grávida. É... Grávida... O pai da criança não a procurou, simplesmente desapareceu, apesar de continuar morando pertinho da nossa casa. Ela teve o filho e foi morar um tempo com sua mãe biológica, em uma chácara próxima à cidade. Com o passar dos anos ela conheceu um rapaz e casou-se. Esse seu filho ficou morando com a avó. Hoje ela é casada, tem mais dois filhos e acredito que seja muito feliz. Mora em uma cidadezinha do interior e raramente nos falamos.

Agora voltando a falar sobre mim, uma coisa que eu não gosto – não sei o porquê – é de comemorar o meu aniversário. Eu não me recordo de algum trauma que eu tenha sofrido, só sei que é uma data em que todo mundo fica alegre, todo mundo comemora e eu não gosto. Eu simplesmente não gosto. Não gosto que cantem parabéns para mim, não gosto que falem que é meu aniversário.

Quando eu disse que fui uma criança sonhadora e hoje sou uma adulta sonhadora, é porque acho que os sonhos nunca morrem, e quando não os realizamos temos a esperança de realizá-los, pelo menos parte deles. Acredito que todos nós temos muitos sonhos, muitos desejos e devemos lutar por eles. De alguns desistimos e outros alimentamos.

Lembrei-me de uma bobagem... Quando eu era pequena, eu tinha na minha cabeça que as garotas bonitas e inteligentes eram somente aquelas que tinham os cabelos lisos e meu cabelo é encaracolado. Então eu me olhava no espelho e na minha cabeça, eu não era uma menina nem inteligente, nem bonita, porque o meu cabelo não era liso. Eu fiquei muito tempo com isso na minha cabeça e alimentei isso dentro de mim. Às vezes, o que servia de consolo era olhar, por exemplo, na minha sala de aula, e ver que eu tinha colegas que tinham o cabelo bem mais encaracolado do que o meu.

Nossa, eu não sei de onde eu tirei isso... Mas, enfim, isso é uma curiosidade sobre mim. Duas, né? Não gostar de aniversários e a questão do cabelo liso.

Depois que vi que cabelo não tinha nada a ver com inteligência, com beleza, com nada. Mas isso é algo de que eu não me esqueço e que eu não sei explicar. Aliás, não gosto de datas. Vocês devem ter percebido que eu não coloquei datas nesta narrativa, o que é incomum. Acho que é a primeira que vocês leem uma narrativa sem datas específicas.

Vou falar um pouco sobre minha profissão: professora. Quando fui para a faculdade, fui com o objetivo de ser professora. Era o que eu queria fazer, o que eu sonhava, o que eu amava. Estava dentro de mim desde a infância. Ao começar a lecionar, iniciei com aulas em colégios públicos de periferia e isso foi muito bom porque me fez crescer como pessoa, enxergar os problemas e a vida como eles realmente são. Nessas escolas a gente vê diversas situações, crianças, famílias... Enfim, coisas que marcam a vida de um professor.

No início eu era apaixonada pela profissão. Usei o verbo no passado porque meu entusiasmo ficou no passado. Com o passar do tempo e com tantas decepções, o encantamento simplesmente morreu. Hoje continuo professora, mas não vou mentir, sem alegria nenhuma. Os motivos que me levaram a isso foram muitos, mas o maior de todos, que eu já mencionei aqui, foi um sentimento, um substantivo abstrato, que, para mim, é o pior que existe na face da Terra, a "inveja".

Muitas pessoas não acreditam nos propósitos de Deus, na Bíblia, na maldade dos seres humanos. E também não acreditam que inveja, que mau-olhado, esse tipo de coisa, não existem. Pois vocês podem acreditar, eu sou exemplo vivo de que sim, existem.

Quando eu comecei a dar aulas, ainda muito nova, muito inteligente, muito capacitada, porque eu sempre fui muito estudiosa – não estou falando isso para me gabar, é apenas para explicar o motivo pelo qual meu entusiasmo morreu –, eu era muito invejada, mas não tinha noção disso. Sempre fui muito ingênua, sempre acreditei muito nas pessoas e não via maldade nelas. Uma vez, uma mulher que era espírita falou-me que eu sou assim porque eu não tenho maldade em mim.

Como já contei, eu lecionava e prestei um concurso interno para ser de diretora. Aprovada, quando fui para a escola eu sofri os piores dos piores... Não tenho nem palavras para definir o que passei, a inveja que caiu sobre mim. Só sei que foi um desastre. As mulheres olhavam torto para mim, de baixo para cima, de cima para baixo. Elas desejavam-me mal, queriam que eu morresse – por incrível que pareça, a escola ficava ao lado de um cemitério. Fui perseguida de todas as formas que vocês imaginarem. Só que eu não via isso.

O que me deixa tranquila é que eu fiz o bem para muitas pessoas nessa escola. Muitas trabalhavam forçadas na função em que estavam porque ninguém percebia suas dores, os calos em suas almas. E eu percebi. Percebi e fiz acontecer, organizei a vida das pessoas cujas almas estavam escuras, doentes, sem enxergarem uma saída.

Esse fato marcou muito a minha vida não por ter perdido o emprego – trabalho você conquista outro, como eu conquistei –, mas pela maldade que os seres humanos trazem dentro de si e lançam para outra pessoa sem dó nem piedade, sem conhecer, sem saber a história daquela pessoa. Eu passei por isso e sobrevivi, mas é muito triste saber que ainda existem muitos seres humanos que agem dessa forma, como agiram contra mim. Tenho certeza de que se algum deles ler este livro vão se lembrar de mim. Espero que eles coloquem a mão em suas consciências, que pensem a respeito.

Estou recontando para explicar por que perdi todo o entusiasmo em ser professora. Vejam bem, não pela profissão, que é uma das mais belas que existe, e também uma das menos valorizada. Infelizmente, acho que essa desvalorização não mudará nunca. Como o objetivo desta obra não é falar sobre isso e é uma discussão que precisaria de páginas e páginas e páginas e, ainda assim não chegaríamos a uma solução, porque dependemos de outras pessoas para isso, voltemos à questão da maldade.

Quando vocês forem atingidos por ela, orem, peçam a Deus para manter os inimigos afastados de você. Peça proteção para sua vida, para seu trabalho. Não saia de casa sem pedir para que Ele te acompanhe. Isso é muito importante. Aprendi na pele, sofri na alma, o que me levou a perder por um longo tempo a minha autoestima, a minha capacidade de estudo, Graças a Deus eu as reencontrei e agora ninguém consegue destruí-las. Aprendi a lição.

Quando toco no assunto da inveja não posso deixar de relatar aqui um fato que aconteceu em minha casa quando a minha filha do meio tinha mais ou menos uns 4 meses. Nessa época, eu estava numa fase boa da vida. Eu e o pai dela estávamos trabalhando, parecia que as coisas iam entrar nos eixos, então eu consegui uma babá para ficar com ela enquanto eu estivesse no trabalho, o que acontecia de manhã e à tarde, porque eu trabalhava os dois períodos.

Coloquei essa moça na minha casa para trabalhar. Aparentemente, ela era muito boazinha, era calada e educada. Passou a primeira semana, a segunda, tudo tranquilo, tanto no trabalho como na minha casa, em todos os sentidos. Certo dia, na hora do almoço, cheguei em casa e percebi que minha filha não estava muito bem. Perguntei o que tinha acontecido e a babá disse que nada, que ela tinha comido e bebido água normalmente e que já tinha até tomado banho. Mas eu achei-a muito pálida. Mãe conhece o filho, né, gente?

Eu retornei ao trabalho, porém fiquei com isso na cabeça. À tardezinha, ao voltar, achei-a mais pálida ainda. Ela estava branca, parecia que tinha perdido todo o sangue do corpo. Então eu perguntei para a babá se ela havia vomitado ou passado mal, se tinha acontecido alguma coisa, e novamente ela disse que não, que não tinha acontecido nada, que estava tudo normal.

A babá foi embora. Eu chegava mais ou menos às 17h15 e ela saía em torno de 17h30. Fiquei matutando na cabeça, continuando a achar minha filha estranha. Mais tarde fui fazer a mamadeira para ela. Ela tomava leite de vaca mesmo, não esses de caixinha, comprados em supermercado. Quando fui colocar o leite na mamadeira, percebi algo azulado no fundo da vasilha onde estava o leite.

Imediatamente, peguei a vasilha com o leite e fui para a pia. Peguei uma peneira e derramei todo o leite nela para descobrir o que era aquilo azulado no fundo. Quando esse leite escorreu todo pela peneira, vi que tinha um isqueiro no fundo da vasilha. Fiquei desnorteada, fui a outro planeta e voltei, pensando que minha filha poderia morrer. Depois descobri que ela tinha passado mal sim, que ela havia vomitado. Durante o dia, quando a babá dava o leite, minha filha vomitava. Daí ela dava soro, um remedinho, para quando eu chegasse ela estivesse "melhorzinha". Ela era muito branquinha e com o fato de passar mal e vomitar, ela ficou bem caidinha.

Peguei a moto e fui até a casa da babá. Falei um monte de coisas para ela, levei o isqueiro que estava dentro do leite. Acho que ela ficou com muita raiva, pois a intenção dela era matar a minha filha. Ela não falou com essas palavras, mas disse que eu sofresse porque eu era bonita, porque eu tinha uma casa e nela tinha muitas coisas, porque na minha geladeira havia comida, e a casa dela não era como a minha.

Agora, pensem bem... Então ela queria ver-me sofrendo e pensou que conseguiria isso atingindo a minha filha. Isso eu ouvi da boca dela, que ela queria que eu sofresse porque eu tinha isso e aquilo e ela não. Meu Deus! Quando eu me recordo disso fico arrepiada por pensar que sim, poderia ter acontecido o pior.

Passei muitos anos sem ver essa garota. Num certo dia, estava em um evento aqui mesmo, na cidade, e vi-a trabalhando no bar que estava servindo as bebidas. Ao vê-la, encarei-a profundamente até que ela me visse. Quando o olhar dela encontrou-se com o meu ela reconheceu-me na hora e abaixou a cabeça. Mas ela teve que me atender e foi muito ruim. Recordei-me de todas essas lembranças, da maldade que ela quis fazer com uma criança, um bebê, para me atingir.

Esse é outro exemplo de inveja que eu deixo aqui para que vocês pensem, para que vocês olhem com mais profundidade para as pessoas que estão ao seu redor. Às vezes, elas estão dentro da nossa própria casa e nós não percebemos. Hoje, essa moça é casada, tem duas filhas e, sinceramente, eu não sei como ela está, não sei se ela melhorou, e não quero saber. Só desejo que ela cuide bem das filhas e que esse sentimento que ela carregou um dia dentro dela tenha desaparecido e ela tenha em mente que tem duas vidas que dependem dela e para as quais ela precisa dar bons exemplos.

Tudo isso me fez abrir os olhos e aprendi a não confiar em qualquer pessoa. Aliás, em ninguém mais. No entanto isso é ruim, pois nem todas as pessoas são más.

A vida não para. Em fevereiro de 2022, a Rússia invadiu a Ucrânia. Era uma quinta-feira, de madrugada, quase manhã, quando foram notadas fortes explosões em pelo menos cinco cidades da Ucrânia, incluindo a capital, Kiev. Horas depois de o presidente russo, Vladimir Putin, ter divulgado o começo de operação militar no país.

Em março, o assunto eram as novas regras para o Exame Nacional do Ensino Médio (Enem), apresentadas em entrevista coletiva no dia 17. No mês de abril foi anunciado o fim da situação de emergência sanitária da Covid-19 no Brasil e a guerra entre Rússia e Ucrânia completava dois meses.

O mês de maio foi marcado pelas fortes chuvas no estado do Pernambuco e pelo ataque nas escolas primárias no Texas (EUA). Em junho do ano de 2022 aconteceu o assassinato do indigenista Bruno Pereira e do jornalista Dom Phillips, no Amazonas. E a guerra na Ucrânia continuava.

No dia 1º de julho, o Brasil assumiu a presidência rotativa do Conselho de Segurança das Nações Unidas (CSNU). Em agosto morreu o comediante, apresentador e ator Jô Soares, aos 84 anos. No mês de setembro ocorreu o festival Rock in Rio, no qual compareceram grandes nomes da música internacional e nacional. E na minha cidade faleceu uma pessoa que saíra de casa para fazer uma pequena caminhada e comprar pão para o café da manhã com seu filho, sua filha e seu esposo. Na volta, ela foi atropelada de maneira brutal, pelas costas, por uma pessoa que aparentemente estava sob o efeito de álcool e outras substâncias e que não prestou socorro. Pessoas que estavam passando socorreram-na, porém sem sucesso. A pancada foi tão forte que sua vida foi ceifada ali mesmo.

Foi um choque para a sociedade no geral. Uma jovem cheia de vida e de planos, de repente, ali, no chão, sangrando. Imagino a dor que ela sentiu, o desespero como mãe, a angústia. Na verdade, eu acho que ela nem soube o que aconteceu. Foi triste. O autor continua livre por aí, aguardando julgamento, enquanto ela foi presa para sempre numa caixa lacrada, que está em um buraco de aproximadamente 1,70m, coberto por terra.

Em outubro de 2022 aconteciam as eleições para presidente do Brasil e outros cargos. O mês de novembro foi marcado por protestos contra o resultado da eleição para a presidência, com os manifestantes pedindo intervenção federal.

No último mês do ano, dezembro de 2022, mais especificamente no dia 12, aconteciam várias coisas pelo mundo todo. Deixarei duas marcantes. Primeiro, o Tribunal Superior Eleitoral (TSE) realizou a cerimônia de diplomação do presidente eleito, Luiz Inácio Lula da Silva, e do vice-presidente, Geraldo Alckmin. No discurso após a cerimônia, Lula defendeu a democracia e reafirmou o compromisso de fazer do Brasil um país "mais desenvolvido e mais justo". Será? Vamos torcer que sim.

Outro fato que ocorreu, exatamente às 11h, foi o cumprimento do mandado de prisão do abusador da minha filha. Lembram-se? Sim, a justiça foi feita. Alívio por um lado, o da minha filha, a vítima, e sofrimento por parte da família dele, mãe, irmãos, esposa e filho (ele está casado e com um filho de mais ou menos 2 anos e meio), e minha outra filha, que é filha dele.

Até eu finalizar este livro ela ainda não sabia o motivo. Talvez eu conte antes da publicação. Ainda não encontrei palavras, força, coragem para contar a ela, porém é muito doloroso vê-la perguntar pelo pai. Tenho consideração e respeito muito grandes pela mãe daquele que tanto mal fez a minha filha, a mim, e aos próprios filhos, pois isso afetou a todos. Os dois inocentes que ainda não sabem de nada saberão um dia.

Dormir e acordar, olhar para minha filha, que tem apenas 10 anos, saber que estou escondendo algo que ela precisa saber, que faz parte do mundo dela, pois trata-se de seu pai... Nossa! Que difícil! Todos na casa dele estão angustiados com a situação dele e em esconder isso dela.

Deixe-me contar como fiquei sabendo e como contei para minha filha (a vítima) sobre a prisão. Estava eu sentada à mesa, trabalhando, e chegou uma notificação de mensagem em meu celular. Olhei e vi que era a madrinha da minha filha mais nova. Na mensagem ela disse: "Ele foi preso mesmo!". Como eu não sabia do que se tratava, na hora nem me toquei e perguntei de quem ela estava falando. E ela respondeu: "O fulano" (não citarei nomes). Um silêncio tomou conta de mim, misturado com alegria e angústia. A angústia foi por me lembrar da minha filha menor.

Perguntei a ela se era verdade mesmo ou se era somente boato, e ela me mandou fotos e o *link* da reportagem de um jornal local. Já eram 16h, o fato havia ocorrido às 11h e eu ainda não sabia! Levantei-me rapidamente, troquei de roupa e fui até o trabalho da minha filha para dar a notícia (ela trabalhava em uma loja). Chegando lá, ela estava ocupada, mas percebeu que eu estava agoniada. Logo após levar a cliente para o provador, chamou-me.

Fui falando logo, com um tom de voz bem baixo. Falei palavra por palavra lentamente. Ela chorou e chorou... Tive que ir embora, pois precisava pegar minha pequena na escola e ela precisava continuar trabalhando. Aliviada, sentimentos de justiça cumprida e outros invadiram o ser daquela que sofrera e sofria com as cicatrizes que ficaram em seu interior. Mas, agora, o sentimento de integridade trazia um pouco de alívio, apenas alívio, porque a cura é impossível para quem passa por esse tipo de situação.

Atualmente, ela mora em outra cidade, trabalhando, e percebi que depois dos 120 dias em que ele está detido (esse total de dias refere-se até a data de hoje, 30 abril de 2023), as crises de ansiedade dela diminuíram bastante, a alegria aumentou e muitos outros fatores da vida dela em geral melhoraram. Só ela pode e sabe dizer o sentimento que carregou com toda essa situação. Aquele que ela considerava um pai, um amigo, que brincava com ela, de repente passou a ser o lobo mau da sua existência. Ela não tinha muitas expectativas de obter justiça e isso a magoava, levava-a acreditar que nada aconteceria, que logo cairia no esquecimento de todos e ele levaria a vida normalmente, como estava fazendo.

Agora, a minha maior preocupação é contar isso para a minha caçula. Sinceramente, não sei como fazer! Sinto muita pena da mãe dele, uma senhora de quem gosto e considero. Conversamos, assim que isso aconteceu, e disse a ela que não se sentisse mal nem envergonhada, pois ela não tinha culpa dos atos do filho, e que, para mim, ela continuava a mesma pessoa, mesmo porque temos algo em comum, a minha filha, a neta dela.

Hoje vivo o dilema de contar ou não contar. Sei que tenho que contar, ela já sente a falta do pai, pergunta, e cada vez invento algo que me faz sentir-me mal por ela. Não queria que ela perdesse o encanto que tem pelo seu genitor, mas é injusto com ela. Ela precisa saber que aquele que ela tem por herói foi o lobo mau da vida da irmã. Mas como fazer isso com uma criança de 10 anos idade?

Certo dia, pedi conselho à diretora da escola onde trabalho e onde minha pequena estuda. Ela aconselhou-me a contar logo, sem falar o motivo. Disse-me que eu estaria ensinando-a a ser forte e a encarar a vida como ela é. Concordo com ela, só me falta coragem. Na realidade, nem é tanto coragem, mas encontrar as palavras certas e o momento oportuno. Tenho medo do que isso possa provocar na mente dela, no comportamento, no sentimento em relação ao pai, a mim, à irmã e a ela mesma. É complicado, mas encontrarei a solução.

Ela é uma criança doce, muito perspicaz, minha companheira. Ela é linda, parece uma surfista em relação à aparência física. Quando nasceu foi um consolo para mim, afinal veio numa fase muito conturbada e sua vinda trouxe-me paz. Às vezes, penso em como ele deve estar arrependido de ter feito o que fez, pois agora ele está ali, num espaço limitado, com desconhecidos, dividindo tudo o que antes ele tinha só para ele, ouvindo besteiras, dormindo mal, comendo mal (imagino eu que seja assim em um presídio).

Ele até tem um diploma de curso superior, mas aqui, nesta pequena cidade do interior, localizada no estado mais novo do Brasil, não há cela especial, o que para ele deve ser um martírio. Acredito que a mãe dele pensa em tudo isso e imagino a dor que ela sente. Posso sentir a dor dela como mãe, pois mãe nenhuma quer ver o filho sofrer, não importa em qual(is) circunstância(s) seja(m), afinal, mãe é mãe.

Sabe a moça do acidente? Fazia parte dessa família. Era cunhada do que está detido e nora da avó paterna da minha filha de 10 anos. Ela era casada com o irmão mais velho dele. Por isso relatei o acidente, ocorrido em setembro, pois em dezembro eles receberam esse outro impacto. Duro para essa família. A avó da minha filha tem se mostrado forte e corajosa para enfrentar tudo isso, cuida parcialmente dos netos deixados pela falecida e da dor em seu interior. São duzentos e dez dias de luto e cento e vinte dias de angústia. O luto, com o tempo o coração vai se acalmando e a compreensão chega, já a prisão é angustiante para quem está lá e para quem está aqui fora sem saber o que se passa lá dentro. A colheita chega, tenho certeza de que quando ele sair ele nunca mais pensará em plantar algo parecido.

Voltando ao meu irmão que foi embora de repente e até hoje não voltou – e acredito que não voltará –, disse que contaria um fato que talvez fosse o único que o fizesse vir, mas aconteceu e ele não veio. Desde que nosso pai ficou viúvo, com todos os filhos independentes, ele passou a curtir sua vida. Acho que ele sentiu-se livre, sem a responsabilidade que carregou por anos. Ele morava sozinho, minha irmã (do meio) visitava-o sempre, pois eles moravam bem próximos um do outro. Eu o visitava com menos frequência e os outros irmãos somente quando estavam por aqui, pois todos moram fora. Somente eu e essa minha irmã permanecemos aqui.

Bom, como disse, o meu pai, muito ativo, passava o dia na rua, ora jogando cartas, ora no centro, ora com os amigos, jogando conversando fora, ora com umas meninas, que ele dizia serem suas amigas, e assim ele era feliz e aproveitava a sua liberdade. Em seu aniversário, eu e minha irmã íamos vê-lo, às vezes na casa dele, em outras no barzinho que ele tocava; era uma forma de entretenimento para ele. E assim os anos foram passando.

Um dia, quando ele estava com 77 anos, minha outra irmã, mãe do pequeno que sofreu o acidente e que mora em outra cidade (hoje ela é vereadora), convidou-me para mediar aulas de redação em um preparatório para concursos. Faltavam uns vinte minutos para concluir a aula e meu telefone não parava de vibrar. Olhei-o sobre a mesa e vi que era a minha irmã. Havia duas chamadas não atendidas e a terceira estava vibrando. Pedi licença aos alunos e fui atender.

Ela relatou-me que nosso pai não estava bem e que não queria de forma alguma ir ao hospital, então me pediu para que eu fosse vê-lo. Finalizei a aula e fui. Desmarquei um compromisso para depois da aula. Chegando à casa do meu pai, encontrei-o na cama, reclamando de dor nas costas e de cólica. Estávamos na pandemia (no fim, mas ainda estavam aparecendo muitos casos), mas disse a ele para se vestir que iríamos ao hospital. Ele disse que não queria ir, mas eu retruquei dizendo que não tinha perguntado se ele queria ir, que o levaria de qualquer jeito. Abri seu guarda-roupas, peguei uma camisa, os documentos dele e fomos. O diagnóstico: Covid-19.

A Unidade de Pronto Atendimento (UPA) da cidade estava lotada. Muita gente com os mesmos sintomas. O médico, um cubano, encaminhou-o para um leito. As enfermeiras medicaram-no e ele precisava ficar em observação. Meu pai tinha pavor de hospitais e perguntou-me se eu ficaria com ele, mas não estavam permitindo acompanhantes devido o número de casos e era muito perigoso para ficar em meio às pessoas que estavam infectadas. Porém, conhecendo meu pai, falei com o médico, que disse que eu poderia ficar por minha conta e risco. Fiquei.

O primeiro dia foi tranquilo em relação ao meu pai. No quarto em que estávamos não havia mais nenhum outro paciente. Passei a noite sentada, caminhando, cochilando. Amanheceu. Por volta das 9h, uma paciente muito grave veio para o quarto. O estado dela era preocupante: respiração ofegante e sentindo-se muito mal. Fiquei preocupada. O médico pediu para que eu saísse do quarto, pois era muito arriscado. Saí.

Meu pai estava dormindo nesse momento e quando abriu os olhos e não me viu já perguntou para a enfermeira onde eu estava. Ela respondeu que eu estava lá fora. Ele pegou o celular e me ligou. Conversamos e eu disse que ia entrar assim que a paciente ao seu lado fosse retirada do quarto. Ela foi transferida, pois precisava ser entubada. Daí eu voltei.

Por volta das 14h, ele começou a reclamar de dor nas costas. Percebi que estava respirando com um pouco de dificuldade. O médico veio, colocou medicação no soro e saiu.

Às 18h, ele continuava reclamando de dor, agora também na barriga. Meu primo, enfermeiro, entrou no plantão e veio nos ver. Senti-me tranquila com a presença dele, cuidando do tio. Outro medicamento foi dado e ele melhorou e dormiu. Aproveitei para ir em casa para tomar banho, trocar de roupa, comer algo e descansar um pouco.

Porém, antes que eu chegasse em casa, ele ligou-me perguntando onde eu estava. Falei que já voltaria, mas mal desliguei o celular ele ligou novamente, pedindo-me para não demorar. Quando estava no banho, a enfermeira ligou, dizendo que ele estava muito inquieto, perguntando por mim de segundo em segundo. Mal tomei banho, coloquei uma roupa e voltei.

Assim que ele me viu ele sorriu. Até pensei em lhe dar umas broncas, mas quando vi seu rosto de alívio com a minha presença só disse que estava ali ao lado, que ele podia descansar, pois eu não sairia mais. No terceiro dia ele piorou e não havia leito nos hospitais para que ele pudesse fazer uso de oxigênio. Uma vaga foi encontrada em Miracema – TO. Perguntei aos meus irmãos se eles achavam que era conveniente levá-lo e eles concordaram.

Quando estavam preparando tudo para irmos, minha tia conseguiu uma vaga na nossa cidade (que surgiu devido ao falecimento de um paciente; na época do auge da Covid-19 só assim surgia uma vaga). Minha irmã, que mora na cidade vizinha, veio. Aproveitei a presença dela e fui para casa para descansar um pouco, já que ele só iria para o hospital à tardezinha ou na manhã seguinte.

A respiração e a dor melhoraram e minha irmã foi embora. A transferência ficou para o outro dia. Amanheceu. Meu primo continuou no plantão até a transferência do tio. Nunca havia visto meu pai chorar. Minha mãe faleceu e eu o vi com os olhos vermelhos, mas não vi lágrimas escorrendo em sua face.

Meu pai foi preparado para mudar de hospital e lá eu não poderia ficar, ninguém poderia, seriam só ele, Deus, médicos e enfermeiros. Pedi ao meu primo que não era para entubá-lo. Quando chegamos à porta do hospital, vi meu pai chorar de verdade pela primeira vez. Então disse no ouvido dele que ficaria lá embaixo, orando por sua recuperação. Segurei sua mão, ele apertou a minha com força e tremor. Chorei. Subiram com ele. Entrei no carro, chorei e avisei os meus irmãos.

Passaram-se seis dias e a recuperação dele foi ótima. Em mais alguns dias ele receberia alta. Quando ele saiu do hospital necessitava de cuidados. Como ele morava sozinho, levei-o para minha casa. Ele ficou uns dias no quarto, em isolamento, pois o vírus ainda estava em seu organismo, e depois ficou bom. Falei que ele ficaria comigo. Foi uma luta, pois ele queria ficar na casa dele, mas não havia como ele morar sozinho por causa de medicação, alimentação, cuidados pessoais etc. Tudo tinha que ser no horário correto. Ele relutou, mas não adiantou, ficou morando comigo.

Não foi fácil. Idoso, com início de demência – declínio da capacidade cognitiva associado à perda da capacidade de executar tarefas do dia a dia –, e muito, muito teimoso. Houve momentos engraçados, de raiva, de tristeza, de alegria. No período em que ele ficou comigo foi uma mistura de tudo. Ele queria viver e fazer as mesmas coisas de antes, principalmente dirigir. O carro dele era todo amassado, tinha o motor ruim, só andava em primeira e segunda marchas. Ele insistia e me dizia que conseguiria dirigir, pois quando estava sentado não sentia tonturas. Às vezes eu respondia, outras vezes concordava com tudo que ele dizia.

Um dia ele me encheu tanto a paciência dizendo que ia embora, que conseguia dirigir, que eu falei que agora ele dirigiria só na outra encarnação, quando ele nascesse novamente, e que o assunto estava encerrado, mas com a teimosia, ele continuava falando e falando, Muitas vezes, eu saía de casa para não perder a calma, afinal, era meu pai, um idoso, mas com atitudes de criança.

O tempo foi passando e nós (eu, meu esposo e minhas filhas) fazíamos de tudo para cuidar dele, ajudando uns aos outros. Uma vez, de tanto ele insistir que queria sair – sei que é difícil ficar em casa dia e noite, ainda mais ele, que tinha uma vida ativa –, meu marido levou-o ao centro e combinou que voltaria uns quarenta minutos depois para buscá-lo. Só que meu pai comprou umas coisinhas e não ficou no lugar combinado, saiu andando sem rumo. Ele estava sem o celular, que ele mesmo havia quebrado durante uma crise.

Por sorte, um rapaz o reconheceu, colocou-o no carro e disse que o levaria para casa. E quem disse que ele sabia chegar. Então, toda casa amarela que ele via, dizia para o rapaz parar. O moço saía do carro, tocava a campainha, e os moradores falavam que não era ali. Em uma padaria, a moça colocou a foto dele no grupo do setor, a ex-namorada do meu filho viu e me mandou. Entrei em contato e passei o endereço correto ao rapaz. Eu e meu marido o agradecemos e o restante desse dia meu pai dó falou disso.

Em outra ocasião, cheguei da escola e ele estava revirando uma papelada que eu tinha buscado na casa dele. Ele encontrou uma foto da minha mãe e da minha irmã que mora na cidade vizinha e veio me mostrar todo contente. Olhei a foto da minha mãe por alguns segundos e meu coração bateu mais forte. Daí ele pegou a foto e disse: "Vou guardar para não perder" e foi para o quarto, e eu fui cuidar do almoço.

Ao voltar do quarto, ele começou a falar do ano em que se mudara da chácara para a cidade porque eu e meus irmãos tínhamos que continuar estudando e na fazenda não havia como. Ele perguntou se me lembrava da casa em que fomos morar e eu balancei a cabeça positivamente. Ele continuou falando e fui recordando de várias coisas. Lembrei-me de um dia em que estávamos nessa casa (a nossa estava em construção). Era uma casa pequena e de estrutura ruim. A dona dela morava do lado e era muito simpática. Tinha uns filhos que praticavam atos ilícitos, mas não nos envolvíamos com eles. Meu pai apressava a construção para sairmos logo dali.

Na época, meu pai era chefe de uma mineradora e viajava muito a trabalho. Um dia, à tardezinha, uma chuva com muito vento começou a se formar e minha mãe ficou com medo de a casa cair. O vento aumentou e passou a chover muito forte. Orávamos, acompanhando-a. Então minha mãe pegou-nos (seus sete filhos) e colocou-nos embaixo da mesa, dizendo que se a casa caísse estaríamos protegidos. Era uma mesa de madeira pura, grande e resistente. Ali ficamos até a chuva diminuir. Por fim, ela parou. Quando meu pai retornou, minha mãe estava brava com ele e disse que não passaria mais por aquela situação sozinha com as crianças. Algum tempo depois a casa ficou pronta e nos mudamos. Foi uma festa!

Logo ele calou-se. A crise de memória tinha voltado e ele já não se lembrava nem do que estávamos falando. Servi o almoço.

Meu pai passou a sentir muita tontura. Andava segurando nas coisas, caía, principalmente no banheiro. Uma noite, ele foi tomar banho. Eu sempre lhe falava para não trancar a porta, mas ele trancava. Como ele estava demorando e o chuveiro continuava ligado, fui até a porta e perguntei se estava tudo bem. Ele respondeu que sim, então voltei para o quarto, onde estava assistindo televisão com a minha filha mais nova. Estávamos somente nós três em casa.

Dez minutos depois o chuveiro continuava ligado. Fui até a porta e perguntei novamente se estava tudo bem, e ele falou que havia caído e que não conseguia levantar-se. E a porta estava trancada. Ótimo! Falei: "Tenta abrir a porta", e fui orientando-o, até que ele conseguiu abrir. Que susto! E quando ele abriu a porta, vi que havia sangue no banheiro todo. Olhei para ele, tentando encontrar de onde estava vindo aquele sangue. Ele estava conversando normalmente. Então encontrei um corte em sua cabeça. Foi uma luta para tirá-lo daquele banheiro, mas eu e minha pequena conseguimos e eu levei-o ao UPA. Resultado: nove pontos.

Depois de alguns meses, ele estava sentado e sentiu dor em suas pernas. Ele resolveu deitar-se um pouco e dormiu a tarde toda. No outro dia estava quieto, mas conversando normalmente. Só se sentia muito cansado. Liguei para minha irmã e disse que o deixaria lá, pois ia a uma pescaria (precisava descansar um pouco) e ele não aguentaria ir, pois era lugar rústico, dormiríamos em barracas, não era mais algo para ele fazer. Tudo arrumado, deixamos meu pai na casa dela e seguimos viagem.

No outro dia recebemos um recado, que fora enviado a um vizinho do rancho – o sinal, tanto de ligação como de internet, era muito ruim na região, e onde estávamos não tinha nem um, nem outro. Fomos ao vizinho para que eu pudesse entrar em contato e saber do que se tratava. No caminho pensei tanta coisa... Meu coração palpitou loucamente. Ele estava internado, sofrera um Acidente Vascular Cerebral (AVC) hemorrágico (quando há rompimento de um vaso cerebral, provocando hemorragia) bilateral. Voltamos.

Fui ao hospital, na capital, Palmas. Ele estava na Unidade de Terapia Intensiva (UTI). Depois, todos os dias o hospital ligava e passava o boletim diário. O dele sempre era de que estava reagindo bem ao tratamento, mas continuava em coma. Seu organismo estava reagindo e funcionando bem. Passaram dez, quinze, vinte e cinco, trinta e cinco dias, e ele continuava estável. Na UTI as visitas não são autorizadas, mas o médico me deixou entrar para vê-lo.

Aquele quarto frio, cheio de pessoas dormindo com tantos aparelhos ligados aos seus corpos, é muito triste. Ele estava no final da sala e tive que passar por todos que ali estavam. Olhei para ele, cheio de tubos, de olhos fechados, pele branquinha e rosada. Ele estava muito bem cuidado, bonito, mesmo com aqueles aparelhos todos o ajudando a respirar, a comer, a fazer suas necessidades. Falei um pouco com ele, ele apertou os olhos sinalizando que estava me ouvindo. Saí.

Minha tia, irmã dele, muito ligada a ele, perguntava-me com frequência dele e dizia que se tivesse oportunidade queria visitá-lo também. Após uns cinco dias da minha visita, mais uma vez o médico autorizou-me a vê-lo. Liguei para a minha tia e perguntei se ela queria ir no meu lugar (só podia entrar uma pessoa). Ela disse que sim e foi. Ela orou (é evangélica) e perguntou a ele se ele queria aceitar Jesus como seu único e verdadeiro salvador. Meu pai apertou a mão dela, como se estivesse afirmando que sim. Ela saiu de lá muito feliz por vê-lo e por ele ter aceitado Jesus (é como os evangélicos falam). Então conversou muito com os médicos e depois comigo.

Quarenta e cinco dias, 15h41, o hospital ligou para passar o boletim. Ligaram para o meu esposo, mas como ele estava no trabalho, não viu a ligação. Mais tarde, ao olhar o celular, viu a ligação perdida e avisou-me. Quando isso acontecia eles ligavam para mim, pois eu havia deixado nossos telefones com a assistente social. Fiquei esperando e nada. Exatamente uma hora depois, às 16h41, ela me ligou e disse que eu precisava ir até lá – o hospital fica a 60 km de onde moro –, pois queriam falar comigo pessoalmente sobre um procedimento que precisava ser feito. Liguei para meu marido e fomos.

Lá chegando, chamaram-me em uma sala, a médica chegou e falou várias coisas para, no final, dizer que ele não havia resistido e havia falecido. Fiquei sem reação. Meu esposo pegou os papéis aos procedimentos necessários e saímos para providenciar tudo. Avisei a todos e seguimos com o funeral – 18 de agosto de 2022 foi o dia escolhido para a partida dele, aos 78 anos. Colocamos meu pai no mesmo túmulo da nossa mãe, falecida 21 anos antes.

Ali terminou tudo: as lutas, as vitórias, as derrotas, os sonhos. Cada pá de terra que caía sobre o caixão era uma pontada no coração. O choro veio espontaneamente. Apesar de a morte ser a única certeza que temos na vida, que cedo ou tarde ela chegará para todos, é difícil nos conformar, mas é necessário, pois, como todos dizem, a "vida continua".

Tivemos sorte, digamos assim. Nossos pais faleceram, mas nos deixaram encaminhados na vida. Ficaram as lembranças, e estas ficam para sempre. Às vezes elas aparecem do nada, em um objeto, na letra de uma música, numa notícia...

E sabem o meu irmão que sumiu e até hoje não apareceu? Quando eu disse anteriormente que ele não havia aparecido nem mesmo com um acontecimento importante? Pois é... Ele não compareceu ao funeral do nosso pai. Disse que se não o vira com vida, não iria para vê-lo sem ela. Sei que ele sofreu muito e não o julgo por não aparecer. O que importa é o sentimento e sei que ele amava nosso pai e vice-versa. Sinto falta da minha mãe...

Tudo aqui relatado fez — e faz — parte da minha vida. Este livro serviu como um desabafo para mim. Espero que você, que o leu, tenha aprendido algo com tudo isso. Continuo com dilemas, dúvidas, sonhos por realizar e, como todos, buscando sempre o melhor para mim e para aqueles que amo. Às vezes sinto-me fraca, impotente, mas me lembro de tudo que suportei e logo mudo de opinião. Hoje minha vida mudou muito, para melhor. Tenho minha casa, um marido que me ama e que demonstra isso todos os dias. No começo até estranhava e desconfiava devido às situações vividas por mim antes dele.

Nossa história foi muito complicada no início, mas tudo se resolveu. Quem sabe um dia conto como tudo aconteceu! Continuo trabalhando com a arte de ensinar e aprender. Sim, aprender também, pois os professores aprendem enquanto ensinam. E a vida prossegue como ela é, cheia de surpresas e tudo de normal e anormal que acontece com todos nós.

Happy life to all of us!

¡Feliz vida a todos nosotros!